평범한 직장인을
부자로 이끄는
소액 토지
투자의 비밀

평범한 직장인을
부자로 이끄는
소액 토지
투자의 비밀

1판 1쇄 펴낸 날 2021년 3월 26일
1판 2쇄 펴낸 날 2021년 4월 25일

지은이 김길우.Kerbin
펴낸이 나성원
펴낸곳 나비의활주로

책임편집 권영선
디자인 design BIGWAVE

주소 서울시 성북구 아리랑로19길 86, 203-505
전화 070-7643-7272
팩스 02-6499-0595
전자우편 butterflyrun@naver.com
출판등록 제2010-000138호
상표등록 제40-1362154호

ISBN 979-11-90865-26-5 03320

평범한 직장인을 부자로 이끄는

소액 토지 투자의 비밀

김길우·Kerbin 지음

나비의 활주로

결국 문제는 마인드다
_ 김길우

《부자가 되고 싶다면 집 대신 땅을 사라》를 《평범한 직장인을 부자로 이끄는 소액 토지 투자의 비밀》이라는 제목으로 다시 출간하게 되어 정말 기쁘게 생각한다. 개정판을 내면서 독자들에게 전달하고 싶은 메시지가 있다.

'투자는 마인드가 중요하다.'

투자를 하려면 모험심도 필요하고 믿음과 용기, 결단력도 있어야 한다. 일희일비하지 않고 장기적인 관점에서 미래가치를 볼 줄 알아야 투자에 성공할 수 있기 때문이다. 사실 투자로 목돈을 번 사람들에게는 조금 특별한 능력이 있다. 인내하고 기다릴 줄 아는 능력이다.

경제 상황과 정부 정책 그리고 부동산 시장의 흐름을 대관소찰大觀小察하는 접근 방법은 부자가 되는 길을 안내해주는 나침판 역할을 할 수 있다. 크게 보되 꼼꼼히 살필 줄 아는 투자자에게는 수익으로 이어지는 길이 더 잘 보일 수밖에 없기 때문이다. 하지만 결실을 보기까지는 때를 기다릴 줄 아는 인내심도 필요하다. 조급한 투자는 반드시 역효과를 가져오며 시장은 그런 투자자에게 단기적인 수익을 약속해주지 않는다.

그렇다면 인내심을 가지고 투자를 하면 누구나 성공적으로 투자를 할 수 있을까? 안타깝게도 '무조건'은 아니다. 자본주의 사회에서 투자할 곳은 많다. 하지만 좋은 투자처는 생각보다 많지 않다. 그것이 투자의 속성이기도 하다. 투자를 하기 전에 투자 자산의 종류를 살펴보고 안전성과 수익성을 고려한 투자처를 선택하는 일이 매우 중요하다. 이 두 가지가 담보되지 않는 투자는 그만큼 실패할 가능성이 높다.

현재 우리 사회에서 활성화되어 있는 투자 자산을 분류하면 실물 자산과 금융 자산, 기타 자산으로 나눌 수 있다. 실물 자산을 대표하는 상품으로는 부동산, 원유, 곡물, 금 등이 있다. 금융 자산 대표상품으로는 주식과 펀드, 채권, 예금, 달러, 엔화 등이 있으며, 기타 자산에는 최근 이슈가 된 가상자산(암호화폐) 등을 들 수 있다. 이처럼 투자 상품은 굉장히 많지만 안전성과 수익성이 모두 담보되느냐를 따져보면 문제는 달라진다. 우선 수익성이 좋다고 평가되는 주식 자산을 살펴보면, 주식은 기업의 가치를 보고 투자하는 금융 상품이지만 변동성이 크기 때문에 반드시 여유자금에 한해 투자해야 한다는 한계가 있다. 또한 좋은 종목을 선택해 장기적으로 투자하지 않으면 큰 수익을 내기가 어려울 뿐만 아니라 상장폐지라는 변수도 있어 리스크가 큰 투자 상품에 속한다.

환금성으로 보면 1순위에 속하는 예금 자산도 5천만 원까지는 보호 받을 수 있지만 0.5%대 초저금리 기조라는 것을 감안하면 수익성 측면에서는 가장 취약하다. 세계적으로도 미국의 금리 0.25%와 유럽의 제로금리의 영향으로 향후 2~3년간 초저금리 기조는 유지될 것이다. 마지막으로 기타 자산인 가상자산(암호화폐) 또한 주식 못지않게 변동성과 불확실성이 큰 탓에 제도권으로의 진입이 가시화되고는 있지만 안정화에는 좀 더 시간이 걸릴 것으로 전망되고 있다.

결국 안전성과 수익성, 환금성을 모두 갖추고 있는 상품은 우량주식이나 아파트, 소액 토지 투자 상품 정도로 좁힐 수 있다. 그중에서도 안전성 1순위 자산은 부동산 자산이며 특히 토지 상품이 아파트에 비해 부동성과 부증성, 영속성, 개별성이 커서 안전성과 수익성 측면에서 좋은 상품으로 주목받고 있다.

최근 사회적으로 많은 논의가 이루어지고 있는 아파트, 주택 상품의 경우 현 정부의 규제 정책이 당분간 일관되게 추진될 것으로 보인다. 다주택자들의 보유세 부담과 양도소득세 강화 등으로 아파트, 주택 거래의 감소세는 당분간 이어질 것이다. 거기에 더해 분양가 상한제를 통해 최대 10년간 전매를 제한하는 정책을 정부가 추진하고 있어 주택 투자에 대한 부담도 가중될 것이다.

또한 불법 증여의 수단으로 악용되고 있는 1인 법인의 아파트 거래를 정부가 전수조사 하고 있고 이는 주택 가격 상승의 원인 중 하나로 분석되고 있다. 이외에 임차인의 주거안정을 위해 발의한 계약갱신청구권과 전월세상한제가 2020년 7월 30일부터 시행되고 있으며, 전월세신고의무화 역시 입법 절차가 완료되어 2021년 6월 1일부터 임대인들과 중개업자들의 행정적 처리 부담이 가중될 것이다. 이러한 흐름은 결국 주거용 임대차 시장의 거래량을 감소시킬 것이며, 코로나19로 인한 경기 침체 등으로 상가 시장 역시 전망이 그리 밝지는 않을 것이다.

한편 토지 적금이 내 자산을 불릴 수 있는 유일한 대안으로 주목받는 것은 최근 주택 시장의 흐름과 무관하지 않다. 토지 투자는 소액 투자, 분산 투자로 리스크를 줄이기 용이할 뿐만 아니라 환금성과 수익성을 최대화할 수 있어 다양한 규제가 적용되고 있는 주택 시장에 비해 비교적 안정적으로 큰 수익을 낼 수 있다는 장점이 있다.

현재 전문가들은 초저금리 기조의 경제구조와 경기 침체 속에서 1,100조에 달하는 유동자금이 금융권과 주식 시장, 채권 시장, 부동산 시장 중 안전 자산인 부동산으로 가장 많이 유입될 것으로 보고 있다. 특히 수익성 부동산에 뭉칫돈이 들어갈 가능성이 높은 것으로 전망하고 있으며, 2021년에는 50조 규모의 역대 최대 토지보상금이 풀릴 예정이다. 이러한 흐름과 맞물려 2020년 4·15 총선에서 집권 여당의 압승으로 정부는 부동산 규제 정책과 경제 활성화 대책을 적극적으로 추진해나갈 수 있는 동력을 얻었다. 따라서 1,100조에 달하는 단기 유동자금이 금융권과 주식 시장, 채권 시장, 부동산 시장으로 얼마큼 흘러들어갈지 주시하며 자산 증식을 위한 전략을 세우는 것이 무엇보다 중요한 때다.

안전 자산인 부동산, 그중에서도 토지에 대한 투자는 주택 시장의 과열 현상과 비례해 대안 투자처로서 주목받고 있으며 토지 투자의 안전성과 수익성은 해외 선진 국가에서도 입증된 바가 있다. 단적인 예로 미국 뉴욕의 부동산 건물 80%는 유대인들이 소유하고 있으며, 입지가 좋은 건물은 팔지 않고 대를 이어 소유권을 유지하고 있다. 여기서 우리는 부동산이든 주식이든 장기적인 안목을 가지고 팔지 않는 투자를 했기 때문에 유대인들이 막대한 부를 축적했다는 것을 알 수 있다. 결국 좋은 투자 상품을 알아보는 안목과 오랜 기다림을 감수한 인내가 큰 보상으로 이어지는 것이다.

본래 돈이란 버는 것보다 지키는 것이 더 중요하다. 투자 시장에서는 인내심 있는 사람이 없는 사람의 돈을 털어간다. 다시 말해 투자를 결정한 자산에 대한 확고한 신념이 없다면 모든 것을 잃게 된다는 것이다.

자본주의 사회를 살아가면서 물질적으로 윤택해지기를 원한다면 투자는 선택이 아닌 필수다. 투자하지 않고서는 부자가 될 수 없으며, 특히 젊은 시절부터 투자를 한다면 독립적인 경제적 개념을 갖게 되어 보다 일찍 효율적으로 자금 관리를 하게 될 것이다. 이것은 훗날 독자 여러분이 큰 성취를 이루는 데 중요한 밑거름이 되어줄 것이다.

이 책을 통해 합리적인 투자 마인드와 믿음, 용기, 결단력 그리고 기다림을 감내할 수 있는 인내를 배우기 바란다. 또한 지속력을 가진 투자 상품에 주목할 수 있는 계기로 작용했으면 한다.

투자는 잘 아는 자산을 공부하면서 자기 책임하에 판단하여 지속적으로 사 모아가는 것이다. 살 때부터 언제 팔 수 있을까 염려하고 몇 배 오를까를 걱정한다면 투자를 권유하고 싶지 않다. 투자도 결국 자기와의 싸움이고 마음을 긍정적으로 관리할 때 열매를 거둘 수 있을 것이다. 끝으로 다시 책을 쓸 수 있도록 용기를 주신 나비의활주로 나성원 대표님께 감사드리며, 원고 수정 등 오타를 교정해주신 출판사 권영선 실장님께 다시 한 번 깊이 감사드린다.

우리가 꼭 투자를 해야 하는 이유
_ kerbin

이야기를 시작하기에 앞서 지금 이 책을 읽고 있는 독자분들은 현재 경제활동을 하고 있는지, 아니면 경제활동을 하기 위해 준비 중인지 묻고 싶다. 만약 현재 20대라면 그동안 부모님의 도움으로 금전적인 부분을 해결하다가 이제 막 경제활동을 시작한 분들이 많을 것이다. 그래서 조금 성급해 보일 수 있지만 아주 중요한 질문을 하나 해보려고 한다. 여러분은 몇 살까지 일할 수 있다고 생각하는가? 아마도 은퇴 시기에 대해서는 생각도 해본 적 없는 사회초년생들이 대다수일 것이다. 그런데 은퇴 시기가 현저하게 빨라진 지금의 상황을 생각하면 사회초년생이라고 해도 은퇴에 대해 생각하는 것이 '빠르다'고만 할 수는 없을 것이다.

2018년 7월에 보도된 기사에 따르면 현재 우리나라 직장인들의 평균 은퇴 시기는 만 49세다. 하지만 향후 49세보다 더 빨라질 수 있기 때문에 지금 20대를 지나고 있는 분들이 보기에는 먼 훗날의 일이라고 느낄 수도 있지만 이 평균연령보다 더 오래 일할 수 있다고 자신하는지 한 번쯤은 스스로에게 물어볼 필요가 있다. 또 지금 내가 다니고 있는 회사 혹은 하고 있는 일이 내 미래를 보장해줄 수 있는지에 대해서도 관심을 기울일 필요가 있다고 본다.

물론 먼 미래의 일보다 지금 당장의 현실이 더 중요하다고 생각하는 분들도 있을 것이다. 하지만 현실에만 충실하다고 해서 미래의 문제가 해결되는 것은 아니다. 반면 미래를 준비하기 위해 현실에 충실하면 그 사람은 보다 여유 있는 삶을 보상으로 누릴 수 있을 것이다. 필자는 미래에 보상을 받기 위해 이른 나이부터 투자를 시작했고, 지금은 투자를 시작한 지 약 7년째인 20대 중반이다. 사회 경험도 많이 없을 20대가 투자에 대해 뭘 얼마나 알겠느냐고 생각하는 분들이 많을 것이다. 필자 또한 그렇게 생각할 수 있다고 본다. 하지만 투자는 나이가 많다고 잘하는 것도, 나이가 어리다고 못하는 것도 아니라는 게 내 생각이다.

현재 필자의 목표는 '35세 은퇴'다. 말도 안 된다고 하는 분도 있고 응원해주는 분도 있는데, 사실 이 목표는 각오를 다지기 위해 설정한 것이다. 은퇴 준비는 빠르면 빠를수록 좋다고 하지만, 현실적으로 은퇴 준비를 하고 있는 사회초년생은 아마 없을 것이다. 하지만 필자는 20대의 나이에 은퇴 시기를 결정했고 목표한 시기에 맞춰 은퇴하기 위해 이른 나이부터 투자를 시작했다.

물론 내 방식과 노하우가 100% 맞는다고는 할 수 없다. 하지만 최소한 35세 은퇴를 목표로 삼을 수 있는 가능성을 열었고 현재 꽤 안정적인 기반을 마련한 상태다. 그런 필자의 경험이 다른 사회초년생에게 기회를 연결해주는 통로가 될 수 있다고 생각해 이 책의 공동저자로 참여했다. 그렇다면 본론으로 들어가 필자는 왜 그렇게 이른 나이에 투자를 하게 되었을까? 궁금해할 분들을 위해 우선 투자에 일찍 입문하게 된 계기에 대해 말을 하려고 한다.

필자는 고등학생 때, 건강이 악화되어 수능에 응시조차 하지 못했다. 꾸준히 공부하기도 어렵고 남들처럼 열심히 공부한다 한들 취업해서 돈을 버는 것이 내게는 불가능했다. 공부가 재미없어서 안 했다면 그나마 덜 억울할 텐데 아무리 열심히 해도 소용이 없는 상황이었다. 그래서 필자는 학업에 대한 목표를 갖기가 어려웠고 그 길이 내 길이 아니라는 것도 일찌감치 깨닫고 있었다. 하지만 주변 사람들은 웬만하면 대학에 가는 것이 좋지 않겠느냐며 대학 진학을 강하게 권했고 결국 집에서 가까운 대학교에 입학하게 되었다. 그러나 아무런 대책도, 계획도 없던 필자가 수시 성적에 맞춰 대학교에 입학한들 대학 생활이 재미있을 리가 없었다.

그러던 어느 날 학교 스쿨버스를 타기 위해 인근 역으로 갔는데, 스쿨버스 분위기가 그날따라 좀 달랐다. 학생이 아니라 어른들이 타고 있었다. 그냥 학교 쪽에 가시는 분들인가 생각하고 이른 아침이라 졸음이 쏟아진 필자는 아무 생각 없이 앉아서 잠을 자버렸다. 한참 시간이 지나고 일어나보니 전혀 모르는 길로 가고 있었다. 버스를 잘못 탔구나 하는 생각과 동시에 버스가 목적지에 도착했는데 다름 아닌 '삼성전자' 사옥 앞이었다. 완전히 이상한 곳으로 와버린 것이었다. 서둘러 택시를 타고 역으로 돌아가는데 기사분이 말을 건넸다.

"삼성전자에서 오는 건가?"

필자는 대답했다.

"학교 스쿨버스를 잘못 탔습니다."

그러자 기사분이 물었다.

"혹시 어느 학교 다니나?"

"H대 다닙니다."

필자는 별 생각 없이 곧바로 대답했다. 그러자 기사분이 이렇게 말했다.

"학생, 그런 학교 나와서는 삼성 근처도 못 가……."

필자는 그 말을 듣고 너무나 자존심이 상했다. 그래서 '누구도 날 무시하지 못하게 만들어야겠다'는 마음을 품게 되었다. 그 일을 계기로 필자는 남들과는 다른 길을 걷기로 결심했고 그것이 투자에 대해 공부하는 계기가 되었다. 어떤 분들은 이 이야기를 듣고 씁쓸하긴 해도 그러려니 하고 넘어갈 수도 있지 않느냐고 할 수 있지만 필자는 그때 무척 마음이 상했다. 그리고 일면식도 없는 택시기사님에게 이런 말을 들을 정도면 앞으로 인생을 살면서 만날 사람들에게 어떤 대우를 받게 될지 생각해보지 않을 수 없었다. 결국 필자는 내가 끌리는 일, 그리고 열심히 할 수 있는 일을 찾아 명문대를 나오지 않아도, 삼성전자 같은 대기업에 다니지 않아도 존중받고 인정받을 수 있는 사람이 되기로 마음을 먹었다. 그리고 그 일이 바로 '투자'였다.

앞서 말씀드린 대로 필자는 35세에 은퇴하는 것이 목표다. 그리고 필자가 생각하는 은퇴는 중간 목표일 뿐 그것이 최종 목표는 아니다. 35세에 은퇴하는 목표를 달성하고 나면 이후에 더 큰 꿈을 꿀 수 있을 것이다. 그리고 이것이 우리가 투자를 해야 하는 궁극적인 이유라고 생각한다.

사회적으로 '은퇴 시기'라고 용인되는 나이까지 직장을 다니고 월급을 탈 수 있는 것이 인생의 목표라면 삶이 얼마나 고단할까? 더구나 우리가 아무리 일하고 싶어도 일자리가 없는 것이 현실이다. 그래서 필자는 현실에 휘둘리지 않고 스스로 인생을 개척할 수 있는 다리를 만들자고 생각했다. 그것을 가능하게 하는 수단이 바로 '투자'다.

이 책을 읽는 분들 중에는 필자가 일찍 투자를 시작한 것이 '과하다'고 생각하는 분들도 있을 것이다. 너무 이른 나이에 큰돈을 버는 것이 좋지만은 않을 수도 있다고 우려할지도 모른다. 하지만 꼭 그런 것만은 아니라는 것을 필자는 증명할 것이고 그것이 나의 또 하나의 목표이기도 하다.

끝으로 책이 나오기까지 수고해주시고 공동저자로서 참여할 수 있는 기회를 주신 출판사에 감사드리며, 많은 분들이 투자의 필요성을 깨닫고 좋은 투자처를 알아볼 수 있는 안목과 분별력을 가지는 데 이 책이 조금이라도 도움이 되길 바란다.

CONTENTS

PART

1

길을 아는 것과
그 길을 걷는 것은
다르다

기성세대와 우리는 달라야 한다

여러분은 부모님에게 어떤 경제관념을 물려받았는지 궁금하다. 아마도 대부분의 부모님이 열심히 공부해서 좋은 기업에 입사하면 마치 모든 것이 다 해결될 것처럼 말씀하셨을 것이다. 맞다. 부모님 세대에는 좋은 직장에 들어가 적금을 통해 돈을 모을 수 있었다. 그런데 여기서 문제는 부모님 세대와 우리 세대의 은행 금리에는 큰 차이가 있다는 것이다.

부모님 세대는 IMF를 겪으며 힘든 시간을 보내기도 했지만 연금리가 높았던 시기를 경험했던 세대이기도 하다. 연 10% 이상의 높은 금리는 직장에 들어가 적금을 부어 돈을 모으는 것을 가능하게 해주었다. 그래서 부모님 세대는 좋은 대학을 졸업해 안정적인 직장에 취업하면 무난하게 살 수 있다는 믿음을 갖게 되었다.

출처 1979년, 한일은행 광고

위의 이미지는 1979년, 한일은행에서 출시된 광고다. 현재의 기준으로 보면 잘못 읽은 게 아닌가 싶을 정도로 눈을 의심할 만한 내용이 담겨 있다. 최고 연리 33%. 어떤 분은 이 은행만 특별하게 이윤이 높았던 것 아니냐고 할 수도 있고, 저렇게 운영하다가 진즉에 사라진 은행이 아니냐고 생각할 수도 있을 것이다. 그런데 그 당시 한일은행이 바로 지금의 우리은행이다. 은행이 파산하지도 않았고, 다른 시중 은행 역시 비슷한 수준의 연금리가 적용되었다는 것은 엄연한 팩트다.

그런데 지금은 어떤가? 현재 우리는 초저금리 시대를 살아가고 있고, 2021년 1월 15일 기준금리 0.5% 동결이라는 한국은행의 발표로 앞으로도 1~2년 동안 초저금리 시대를 살아갈 수밖에 없는 상황이다. 기준금리 0.5%가 어느 정도인지 감이 잘 안 올 분들을 위해 72법칙을 통해 설명해보겠다. 72를 연간 복리수익률로 나누면 원금이 두 배가 되는 기간을 계산할 수 있다. 거기에 부모님 세대의 연금리를 약 10%로 계산해 대입하면 72÷10=7.2, 즉 7년이면 약 두 배가 된다는 계산이 나온다.

반면 우리 세대는 72÷0.5=144라는 계산이 나온다. 거기다 물가상승률을 생각한다면 우리 세대는 실질금리 마이너스인 상태에서 돈을 모아야 한다. 그런데도 과연 부모님 세대처럼 적금으로 돈을 모을 수 있을까? 물론 아주 긍정적인 분들 중에는 연금리가 다시 높아질 수 있다고 생각하는 분도 있을 것이다.

그렇다면 한 가지 더 질문을 해보겠다. 여러분은 조지 워싱턴이 그려져 있는 1달러의 가치가 어느 정도라고 생각하는가? 참고로 2021년 1월 말을 기준으로 보면 환율은 약 1,117원이다. 그리고 대부분의 사람들이 1달러의 가치를 그날의 환율과 동일하다고 생각할 것이다. 하지만 필자의 생각은 다르다. 조지 워싱턴이 그려진 1달러의 가치는 없다. 왜 그렇게 보는 걸까? 사실 달러 자체는 원래 금의 보유량만큼만 찍어낼 수 있었다. 이것을 금본위제라고도 한다. 그런데 1971년, 미국의 닉슨 대통령이 금본위제를 폐지해버렸다. 그때부터 무분별하게 달러를 찍어내게 되는 상황이 벌어졌다. 그리고 여기서 문제가 생겼다. 한 가지 예를 들어보겠다.

누군가 여러분에게 숫자를 써놓은 종이와 여러분의 나무 500톤을 바꾸자고 한다. 숫자 적힌 종이와 자산을 바꾸자고 하다니, 이게 무슨 말도 안 되는 상황인가? 그런 일이 실제로 일어나고 있다.

심지어 여기서 문제가 하나 더 생겼다. 1975년, 사우디는 자국의 땅에 보유 원유가 막대했던 만큼 주변국으로부터의 위협에 불안해하고 있었다. 그런데 미국이 사우디 왕실의 군사적 안위를 보장하고 정치적으로 적극적인 미국의 지지를 보내는 대신, 키신저와 밀약을 맺고 달러로만 석유를 거래할 수 있도록 제도를 바꿨다. 다른 나라 입장에서는 울며 겨자 먹기로 종이 쪼가리랑 자산을 바꾸게 되었던 것이다. 미국이 신나서 달러를 마구잡이로 찍어내는 소리가 여기까지 들린다.

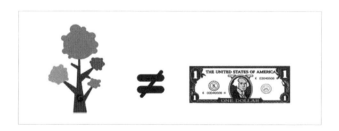

공급이 많아지면 가치가 희석되어 화폐가치가 떨어질 수밖에 없다. 은행 입장에서는 점점 가치가 떨어지는 종이 쪼가리를 맡아주면서 이자까지 많이 주려고 할 리가 없다. 오히려 쓰레기를 버릴 때 처리 비용이 드는 것처럼 보관료를 내라고 할 것이다. 초저금리로 할 수밖에 없는 이유다. 그래서 우리 세대는 반드시 투자를 해야 한다. 적금으로는 돈을 모을 수가 없는 세상이 되었고, 일자리는 무서울 정도로 줄어들고 있다.

그렇다면 어디에 투자를 해야 돈이 되고, 안정적으로 자금을 모을 수 있을까? 명확한 답이 나오면 좋겠지만 속상하게도 우리가 사는 세상에 안정적으로 돈을 모을 수 있는 투자 방법은 없다. 모든 투자에는 리스크가 따르기 마련이다. 하지만 그럼에도 불구하고 우리는 투자를 해야 한다.

투자에 대한 잘못된 오해

지금은 돈이 없어서 못 하지만 나중에 돈이 모이면 투자하겠다고 말하는 사람이 많다. 이 글을 읽는 여러분이 가지고 있는 전형적인 생각이다. 하지만 사람들이 쉽게 말하는 '돈이 모이면…'이라는 전제가 사실은 투자로 돈을 버는 것보다 더 어려울 수 있다. 왜냐하면 현대사회의 특성상 나이가 들어갈수록 지출은 점점 늘어날 수밖에 없기 때문이다.

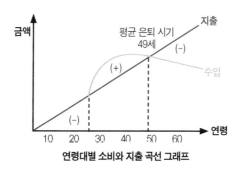

연령대별 소비와 지출 곡선 그래프

앞의 그래프는 연령대별 소비와 지출에 대한 필자의 생각을 나타낸 것이다. 사람은 태어나는 순간부터 지출을 한다. 그리고 대부분 20대 중반까지는 지출만 있고 수입은 없기 때문에 재정적으로는 적자, 즉 마이너스(-) 상태가 된다. 그러다가 20대 중반이 지나면 수입이 생기는데 지출과 비교하면 이때는 지출보다 수입이 많을 시기다. 그리고 그 시기가 지나 평균 은퇴 시기가 되면 수입은 점점 줄어들기 시작한다.

이 대목에서 어떤 분들은 나이가 들어 자녀 교육을 다 시키고 나면 지출이 줄어드니 수입이 다소 줄어도 괜찮지 않느냐고 할 수도 있다. 하지만 나이가 들수록 아니라는 것을 알 수 있다. 그때부터는 자녀 대신 나에게 들어갈 돈이 필요하기 때문이다. 나이가 젊을수록 노년의 건강에 대해서 둔감하게 생각하는 경우가 많지만 병원비 등 건강 유지를 위해 사용되는 비용은 만만치 않다. 더구나 평균 은퇴 시기가 지나고 나면 지출과 수입이 역전되는 순간이 온다. 그리고 그 지점에서 문제가 생긴다. 이것이 바로 우리가 투자를 해야 하는 이유다.

기준금리는 바닥을 모르고 내려가는 중이고 물가는 나날이 상승하고 있다. 일자리 자체가 줄고 있고 일할 수 있는 시간도 점점 짧아지고 있다. 따라서 경제의 흐름을 보는 것이 정말 중요하다. '평생직장'이 통용되던 시대와 달리 이제는 우리 스스로가 살 길을 찾아야 하기 때문이다. 그렇다면 어떻게 해야 이 상황을 조금이라도 좋게 만들 수 있을까? 답은 투자다.

앞에서 말했듯이 나이가 들어갈수록 지출은 점점 늘어나고 수입은 줄어든다. 그리고 충분히 준비되지 않은 사람은 '지출〉수입'에 따른 문제를 해결하기 위해 그때부터 투자를 하려고 해도 때는 이미 늦는다. 적은 돈으로 투자 연습이 안 된 상태에서 나중에 큰돈을 투자한다고 결과가 좋을 확률이 얼마나 될까?

본인의 소중한 자산을 지키기 위해서는 적은 돈부터 천천히 시작해야 한다. 그 훈련을 바탕으로 투자 안목을 점차 길러가야 한다. 그래야 안정적으로 재정 관리를 할 수 있으며, 이것은 자수성가한 사람들의 대다수가 적은 돈부터 투자했다는 것만 봐도 알 수 있다. 이 점을 꼭 기억하기 바란다.

지금 안전하게 재테크를 하고 있나?

보통 사회초년생들이 적금을 많이 든다. 연금리 1%대 정도 수준으로는 물가상승률을 감안하면 돈이 안 된다는 것을 대부분 알고는 있다. 그러나 알면서도 마땅한 대안이 없으니 적금을 넣게 되는 것이 현실이다.

은행 적금을 예로 들어보겠다. 한 달에 100만 원씩 적금을 든다면 12개월 만기 시 원금은 1,200만 원이고, 12개월 동안 납입한 원금에는 12개월 치 이자가 붙는다. 하지만 10개월만 넣은 적금은? 설마 10개월간 넣은 원금도 같은 이자를 받는다는 순진한 생각을 하는 분들은 없을 것이다. 따라서 현재의 연금리를 고려하면 적금을 넣는 것은 그저 돈을 쌓아놓는 용도밖에 되지 않는다. 냉정하게 말해 연금리 몇 퍼센트를 따져서 적금을 넣는다고 돈이 되는 구조가 아니라는 것이다.

그렇다면 결국 은행 적금이 재테크의 답이 될 수 없다는 결론이 나온다. 물론 자금력이 있어 은행 이자만으로도 먹고살 수 있는 분들에게는 죄송하다. 필자가 잠시 건방을 떨었다. 그러나 평범한 중산층에게는 해당 사항이 없다. 그래서 대부분 돈이 될 만한 아이템을 찾아 나서는 것이다.

이 시점에서 대다수의 중산층 분들이 안전 자산으로 차근히 꾸려나갈 것인지, 반대로 '힙HYIP 투자'라는 것을 시도할지 생각하게 된다. 힙 투자란 'High Yield Investment Program'의 약자로, 고위험을 부담하며 이른바 한 방을 노리는 것을 뜻한다. 그래서 필자는 이 책에서 힙 투자에 대해서는 더 언급을 하지 않겠다. 한 방의 도박을 바라는 분들이라면 굳이 말리진 않겠지만, 필자의 관점에서 볼 때는 안전 자산에 투자할 준비를 하는 것이 백번 지당하기에 이 부분에 대한 내용을 풀어가도록 하겠다.

재테크에 대한 오해

2017년, 필자는 부천에 위치한 개발 제한 구역의 토지를 소액 매입했다. 대부분의 사람들이 맹지 또는 개발 제한 구역은 투자하면 안 된다고 생각한다. 그런데 결과적으로 이 지역은 2018년경, 공시지가만 30% 가까이 상승했다. 투자하면 안 되는 땅이라고 했는데 왜 이렇게 오른 것일까? 앞에서 말했듯이 입지조건이 좋다면 맹지든 개발 제한 구역이든 개발할 수밖에 없기 때문이다.

다른 예를 하나 더 들어보겠다. 2016년, 지인이 오산시 양산동에 위치한 도로 없는 맹지, 용도는 농림 지역, 농림진흥 구역으로 지정된 700평 땅을 평당 63만 원, 4억 2천만 원을 들여 구입했다. 그리고 현재 시행사 측에서 250~300만 원 수준의 보상가격을 제시하고 협상을 하고 있다. 4년 만에 다섯 배가 올라 17억의 시세차익을 보게 된 것이다.

이처럼 맹지라고 하더라도 입지 조건이 좋은 지역은 개발이 될 수밖에 없다. 특히 공공택지개발을 위해 수도권 내 개발 제한 구역을 50%가량 해제했다는 것은 이와 같은 사례가 앞으로도 얼마든지 생길 수 있다는 것을 암시한다.

이를 뒷받침해주는 근거가 또 한 가지 있다. 현재 우리나라의 도시화율은 8% 정도 진행되었으며, 선진국 수준인 12%까지 끌어올리려면 4%가량 도시화율이 추가되어야 한다. 즉, 추가적으로 도시화가 진행될 입지를 찾아 현명하게 투자하면 남부럽지 않은 수익을 낼 수 있다는 뜻이 된다.

재테크보다 중요한 돈 관리법

어떤 상품에 투자해 재테크를 하느냐도 참 중요하지만 재테크를 통해 모은 돈을 어떻게 관리하는지에 대한 문제는 더 중요하다. 이해를 돕기 위해 질문 하나를 하려고 한다. 여러분은 돈의 가치가 상대적이라고 생각하는가, 아니면 절대적이라고 생각하는가?

예를 하나 들어보겠다. 백화점에서 옷을 하나 사려고 하는데 가격이 1만 원이다. 그런데 10분 정도 걸어가면 같은 옷을 5천 원에 살 수 있다. 그럴 때 여러분은 어떻게 할 것인가? 대부분 저렴하게 파는 곳으로 갈 것이다.

다른 예를 하나 더 들어보겠다. TV를 사려고 하는데 가격이 150만 원이다. 그런데 10분 정도 가면 149만 5천 원에 준다고 한다. 이 경우에는 안 간다고 하는 사람이 대부분이다. 같은 5천 원인데 왜 이렇게 대답이 나뉘는 것일까? 여러분의 생각은 어떤지 궁금하다.

필자가 이 질문을 한 의도는 돈의 가치를 여러분 스스로가 상대적으로 느끼는지, 절대적으로 느끼는지 알려주기 위해서다. 물론 여기에는 정답이 없다. 각자의 생각에 따라서 다를 수밖에 없기 때문이다. 하지만 한 가지는 분명하다. 이 질문에 대한 답에 따라 여러분의 투자 성향이 어느 정도 잡혀 있다고 생각하면 된다. 참고로 작은 돈을 무시하느냐, 소중히 여기느냐에 따라 큰 차이가 생길 수도 있다.

♀ 8:2 종자돈 법칙

여러분은 월급의 몇 퍼센트를 저축하는가? 쓰기 바빠 소비가 80% 이상인 분도 있을 테고, 미래를 위해 80% 이상 저축하는 분도 있을 것이다. 그리고 사회초년생의 경우 일을 해서 돈을 벌긴 하지만 대부분 그 돈으로 술, 담배 혹은 사고 싶은 것을 사거나 놀고 싶으면 놀면서 본인들의 돈을 흥청망청 쓰기도 한다.

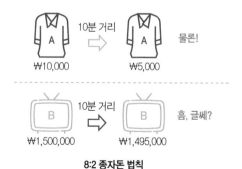

8:2 종자돈 법칙

물론 그런 소비가 삶의 만족을 위해 필요할 수는 있다. 그렇게 소비하는 게 나쁘다고 말하는 것은 아니다. 언제 죽을지 모르는데 본인이 번 돈으로 즐기며 산다는 마인드라면 존중해야 한다. 그러나 이 책을 보는 여러분은 돈을 모을 생각을 갖고 있을 거라고 생각한다.

현재의 삶만 즐기고자 한다면 돈이 남지 않는 것이 당연하다. 지금 당장 눈에 보이는 예쁜 옷, 멋진 차, 새로 나온 휴대전화 등의 가치가 증가하지는 않는다. 식비나 휴대전화 요금처럼 쓰지 않을 수 없는 부분은 어쩔 수 없다. 그렇다면 나머지 돈은 최대한 안 쓰고 모아야 한다는 혹독한 결심이 필요하다. 누구의 월급, 연봉이 어떻다 저떻다 하며 많이들 비교하며 살아가는데, 그것보다 주어진 상황 안에서 조절할 수 있는 것이 더 중요하다. 습관을 만드는 것이 중요하다.

필자의 지인 한 명은 적은 월급을 쪼개 저축을 하며 투자를 병행하고 있다. 본인의 상황에 맞게 투자를 계획하고 실행하는 것과 월급이 적다고 신세 한탄만 하며 돈을 낭비하는 사람 중 과연 누가 더 나은 미래를 누릴 확률이 높을까? 같은 월급이라도 8할을 소비에 쓰는 사람과 그것을 저축하는 사람 중 어느 쪽의 미래가 더 밝을지 결과는 뻔하다.

📍 위험을 낮추는 분산투자 - 4321법칙

구구절절 설명하지 않아도 소비보다 재테크를 하는 것이 미래를 위해 현명하다는 것은 누구나 알고 있다. 그래서 돈을 어떻게 관리할지 목표가 생겼다면 다음 할 일은 재테크 계획 세우기다. 열심히 모은 돈을 관리하지 못해 날리는 상황이 오면 안 된다. 자산의 일부를 잃는 것은 다음 기회를 다시 노려볼 수 있다는 것을 뜻하지만, 전부를 잃는다면 다음 기회는 없다. 그래서 필자의 경우 다음과 같이 자산을 분배한다.

4할: 안전 자산

3할: 수익 자산

2할: 단기 적금

1할: 현금(예금)

자산을 총 10으로 봤을 때 그 자산의 4할은 안전 자산이다. 예를 들어 부동산이 된다. 전체 비율 중 가장 많은 비중을 차지하는 부동산은 되팔지 않는 이상 사라지지 않을 자산이다.

3할은 4할보다는 덜 안정적이지만 수익률을 조금 더 기대해볼 수 있는 분야로 할당했다. 예를 들면 주식을 들 수 있는데 변동성 때문에 위험요소는 있다. 하지만 전체 10에서 3할이 없어져도 7할이 남기에 전체적으로 크게 타격은 없다.

2할은 빠르게 현금화가 가능하면서 주식보다는 안정적인 자산에 투자하고 있다. 예를 들어 '금이나 적금 혹은 예금' 정도다. 상대적으로 비중은 적지만 토지처럼 안정적으로 모아가는 것이 가능하기에 2할 정도로 잡아두었다.

마지막으로 1은 '현금'이다. 평소 또는 비상시에 사용할 수 있을 정도로 남겨두는 것이다. 보유한 만큼 쓰임새를 조절해야 하기 때문에 비중을 낮게 잡았다. 현금 보유량이 많을수록 씀씀이는 더 커진다는 것, 독자 여러분도 잘 이해하리라 생각한다.

4321법칙에 따라 자산 분배의 틀을 잡고 나면 다음 순서는 각각의 할당량에 맞는 투자 상품을 고르는 일이다. 이때 자신의 투자 성향과 능력에 맞춰 투자할 곳을 정하는 게 중요하다. 예를 들어 금 투자의 경우 주식보다 안정적인 재테크로 많은 분들이 관심을 가지는데 필자는 가치 저장수단으로는 가능하지만 가치가 크게 늘어나는 자산으로 보기는 어려워 배제했다. 다음 자료를 한번 보자.

연도별 국제 금값 추이

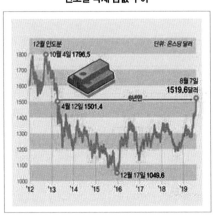

출처 뉴욕상업거래소(연합뉴스)

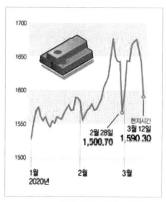

2020년 국제 금값 추이

출처 연합인포맥스(연합뉴스)

2012년 금 가격은 약 1,800달러까지 상승했지만, 2020년 금의 고가는 1,950달러 선에서 오르내렸다. 금의 가치가 크게 상승했다고 보기는 어렵다. 물론 저가에 매입해서 고가에 파는 능력이 있다면 '금테크'를 해도 무방하다. 하지만 필자에게는 그런 능력이 있다고 판단되지 않아 다른 투자 상품을 선택했다. 결론적으로 1과 2는 비상시에 대비할 수 있는 보험 성격을 띤 자산으로 선택했다.

주식 투자에 대해 우리가 알아야 할 사실

3할부터는 본격적인 재테크 수단에 대한 내용이다. 어쩌면 여러분이 원하는 내용이 여기서부터 나올 수 있다. 3할에 해당하는 재테크 수단으로는 주식을 선택했다. 그렇다면 과연 주식으로 재테크를 할 수 있을까? 필자가 이 질문을 한 이유는, 우리나라에는 주식에 대한 편견이 있기 때문이다.

혹시 1999년 즈음, IT버블이 터지기 전의 상황을 아는 분이 있을지 궁금하다. 그때는 ○○닷컴, 이런 이름들이 회사에 들어간다는 이유만으로 주식이 오르던 때였다. 부모님 세대들은 이 시기에 주식을 사는 분들이 많았다. 그런데 IT버블이 터지면서 엄청나게 많은, 소위 '개미'들이 손해를 봤고 그 이후로 부모님 세대들은 주식을 위험 자산으로 취급하기 시작했다. 물론 인과관계로만 보면 이해가 되는 반응이긴 하다. 하지만 이 한 가지 사례만으로 주식 투자는 위험하다고 단정 지을 수 있느냐를 생각하면 그렇게 간단한 문제는 아니다.

한 가지 질문을 하려고 한다. 여러분은 전 세계에서 경제 1위 국가가 어느 나라라고 생각하는가? 그리고 가장 부유한 민족은 어떤 민족이라고 생각하는가?

메트라이프생명 통계에 의하면 미국은 가계 자산의 약 70%가 금융 자산으로 이루어진 나라라고 한다. 금융 자산이 20% 수준인 우리나라와는 큰 차이가 있다. 그리고 전 세계적으로 가장 부유한 민족은 유대 민족인데 그들도 전체 자산의 30% 정도를 주식으로 보유하고 있다. 이처럼 경제 1위의 대국과 가장 부유한 민족은 주식을 통해 부를 확장해 나가는데, 우리 부모님 세대는 주식 투자가 위험하다고 말한다. 이것이 과연 진실이라고 할 수 있을까?

무엇보다 대한민국의 주식 역사는 매우 짧다. 즉, 상대적으로 체계적이지 못하다. 그리고 미국은 투명하게 운영되고 법 위반 시 처벌이

국가별 금융 자산 대 비금융 자산 비율

국가	금융 자산	비금융 자산
한국(2019년 기준)	20	80
일본(2017년 기준)	64	36
미국(2017년 기준)	70	30

출처 메트라이프생명

강하지만, 우리나라는 솜방망이 처벌로 경제사범이나 기업의 분식회계가 잘 일어나는 나라다. 이런 요인들이 주식을 위험 자산으로 보게 만드는 주범 중의 하나인 듯하다.

키움증권에 따르면, 2020년 3월에만 주식 신규 계좌가 43만 개 늘어났다고 한다. 엄청난 확장세다. 이처럼 많은 사람들이 재테크 수단으로 주식을 선택하고 주식 투자에 대해 이야기한다. 그런데 주변에서 주식으로 돈을 벌었다는 사람을 본 적이 있는가? 아마 없을 것이다. 만약 그런 사람이 있다면 그 사람한테 가서 배우면 된다. 그런데 과연 그렇게 한다고 주식으로 돈을 벌 수 있을까?

대부분의 사람들은 시중에 나와 있는 차트 분석 책을 보며 하루 1%

2020년 3월 신규 주식 계좌 현황

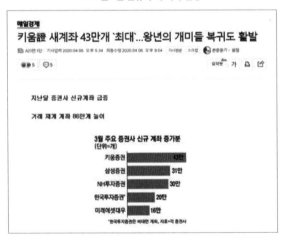

출처 매일경제

수익을 목표로 주식을 시작한다. 그런데 단타로 주식을 하다 보니 상장 폐지나 이번 코로나 사태와 같은 예측 불가한 변수들을 경험하게 된다. 그래서 일반인은 아무리 공부를 해도 저런 변수에는 대책이 없다는 생각에 '역시 주식은 저평가된 우량주를 사서 장기 투자를 해야지!'라고 하며 장기 투자자로 전환한다. 그런데 여기에 많은 분들이 착각하는 지점이 있다. 단기적으로 수익을 내지 못하는 사람이 장기 투자를 하면 수익을 낼 수 있다고 생각하는 것이다.

이쯤에서 한 가지 질문을 하겠다. 정말로 장기적인 관점에서 돈이 될 주식에 투자하고 있는가? 손실을 확정 짓는 것이 두려워 팔지 못하면서 장기 투자로 합리화하는 것은 아닌가? 안타깝게도 그런 방식으로는 장기적으로 돈을 잃을 수밖에 없다. 그러면 '주식은 하면 안 되는 것'이라는 말밖에 할 수 없게 된다.

그렇다면 대체 주식으로 재테크를 하라는 거냐, 말라는 거냐라는 생각이 당연히 들 것이다. 필자가 여기서 정말로 하고 싶은 말은 하루 등락에 연연해서는 안 된다는 것이다. 그리고 아무 주식이나 사놓고 기다리면 돈이 될 거라는 어이없는 생각도 하지 말아야 성공적으로 주식 투자를 할 수 있다. 즉, 우리가 투자해야 할 주식은 '믿고 맡길 만한' 주식이며 그런 주식을 장기적으로 투자하는 것이 정답이다.

투자의 귀재 워런 버핏은 10년 이상 보유하지 못할 종목은 10분도 들고 있지 말라고 했다. 이 명언을 우리의 현실에 맞게 '10년 이상 재투자하지 못할 종목은 10분도 들고 있지 마라'로 바꿀 수 있다. 그리고 지금부터 여러분이 이 말을 실천할 수 있는 방법을 알려드리겠다.

현재 우리나라에서 가장 안정적인 주식은 무엇일까? 많은 사람들이 한목소리로 말하는 삼성전자일 것이다. 필자는 그중에서도 삼성전자 우선주를 공략하라고 말하고 싶다. 삼성전자도 아니고 왜 하필 삼성전자 우선주냐고 하는 분도 있을 것이다. 우선주는 쉽게 말해 주주의 권리인 의결권을 포기하는 대신 배당을 아주 조금이라도 더 받는 주식을 말한다(삼성전자는 삼성전자 우와 배당이 동일). 삼성전자 우선주는 삼성전자보다 시세가 조금 더 저렴하다. 여러분이 삼성전자 주식을 많이 산다고 해도 주주총회에서는 씨알도 안 먹히는 것이 현실이다. 그렇기 때문에 조금이라도 저렴한 삼성전자 우선주를 1주라도 더 사서 배당이라도 더 챙기라는 말이다.

여러분이 만약 월 50만 원 정도를 저축하고 있고 삼성전자 우선주가 4만 원의 가치를 유지한다고 가정해보면(2020년 4월 3일 기준 삼성전자 우: 39,800원, 1년 배당금 약 1,400원), 월 50만 원씩 1년을 모으면 600만 원 정도가 되고 그것을 20년 동안 반복하면 원금은 약 1억 2천만 원이 된다. 이것을 삼성전자 우선주에 대입하면 3천 주 정도를 보유하게 되며 배당금이 1년에 1,400원 정도 나오니 1년이면 약 420만 원, 즉 월 35만 원 정도를 연금처럼 받을 수 있다. 배당 나온 돈을 다시 재투자하면 속도는 더 빨라진다.

월 50만 원×12개월=600만 원

600만 원×20년=1억 2,000만 원

1억 2,000만 원÷4만 원(삼성전자 우선주)=3,000주

3,000×1,400원(삼성전자 우선주 배당금)=420만 원

420만 원÷12개월=35만 원

그렇다면 가격이 떨어질 수도 있지 않느냐는 반론이 나올 것이다. 하지만 가격이 떨어져도 배당은 보통 그대로 나온다. 반대로 가격이 오르면 시세 차익도 볼 수 있다. 이 방법이 바로 미국에서 활발하게 이루어지고 있는 배당 재투자 방식이다. 이런 방식으로 몇 가지 주식을 장기적으로 투자하기 바란다.

📍 주식으로 개미들이 돈을 벌기 힘든 이유

보통 단기간 내에 수익을 보려는 투자자들은 삼성전자 같은 우량주로 단타 투자를 하지 않는다. 하루 등락폭이 크지 않기 때문이다. 그래서 대부분 시가총액이 크지 않은 흔히 잡주라고 불리는 중소형 주식을 거래한다. 물론 이런 주식들로 수익을 보는 분들도 있다. 하지만 잡주들은 투자 금액이 커지게 되면 차트의 변형을 불러온다. 세력들의 먹이가 되기에 안성맞춤의 조건이 갖춰진다. 이것이 단기적으로 수익을 보던 투자자들이 시간이 지나면서 시장에서 사라지는 이유나.

게다가 주식은 매수 후 매도를 하는 일방적인 투자 상품이기 때문에 일반인이 수익을 내는 것은 어렵다. 그래서 필자는 10년 이상 보유할 계획을 갖고 주식에 투자하고 있다. 물론 필자가 아무리 이렇게 말해도 주식 단타로 돈을 벌겠다는 분들이 있을 것이다. 그런 분들은 단기적으로 주식의 일방성을 보완하기 위해 선물옵션에 대해 공부를 해야 한다.

그렇다면 여러분은 선물옵션에 대해 얼마나 알고 있는가? 전혀 모르는 분들을 위해 기본개념을 간단히 설명해드리면, 부동산이나 주식처럼 실체가 있는 것을 '현물'이라고 부르고 가격을 사전에 미리 결정해 놓고 미래의 일정 시점에 인도, 인수할 것을 약정하는 거래를 선물거래라고 한다. 그런데 주식에 대해 이야기하면서 왜 갑자기 선물을 언급했을까? 단도직입적으로 말하면, 선물을 알지 못하고서는 주식으로 수익을 실현하기가 정말 어렵기 때문이다. 주식 시장이 하락세일 때, 세력들이 위험을 헷지hedge하고 수익을 내기 위해 만들어진 것이 바로 선물시장이다.

개미들은 하락장에서 손실만 보고 있지만 세력들은 선물옵션을 통해 손실 헷지와 수익을 어느 정도 낼 수 있으니, 딱 봐도 어느 쪽이 유리한지는 답이 나올 것이다. 그렇기 때문에 정보 면에서 불리한 개미들은 선물옵션을 필수로 알아야 하며, 선물옵션을 모르고서는 결코 주식 시장에서 살아남기 어렵다. 하지만 선물옵션에 대해 잘 안다고 해서 주식을 잘할 수 있다는 말은 아니다. 즉, 공사장에 헬멧을 쓰고 들어가느냐, 아니냐의 차이 정도로 생각하면 될 것 같다.

한편 기성세대는 선물 거래 같은 고위험 투자를 하면 패가망신한다고 한목소리로 외친다. 이 점에 대해 어떻게 생각하는가? 부모님들은 선물옵션을 거래해본 적이 없는 분들이 대다수다. 만약 대학 교수가 선물옵션을 거래해보지도 않고 위험하다고 강의하면 그 내용을 신뢰할 수 있을까? 적어도 선물옵션이 위험하다고 말하려면 선물옵션으로 돈을 잃어보고 왜 위험한지 설명해줘야 하지 않을까? 그것은 바다에서 수영하다가 죽는 사람이 많으니 바다 근처에는 얼씬도 하지 말라고 하는 것과 다를 바 없는 말이다. 그럴 바에는 아예 수영도 배울 필요가 없는 것이나 마찬가지다. 그래서 선물옵션을 알기 때문에 안 하는 것과 몰라서 못 하는 것은 천지차이인 것이다.

다시 본론으로 돌아가면, 3할에 해당하는 자산은 환금성이 좋고 운용이 자유로운 자산이니 다양한 방법을 동원해 운용할 수 있다. 단, 자유롭게 운용하되 안정적으로 운용하는 것이 중요하다.

국가도 땅으로 사업한다

4321법칙에서 가장 큰 비중을 차지하는 4할에 해당하는 재테크 수단
은 부동산, 그중에서도 토지다. 부동산 종류만 해도 200가지가 넘고 아
파트, 오피스텔도 있는데 왜 하필 토지냐고 의아해하는 분들도 있을
것이다. 심지어 큰돈이 없으면 투자할 수 없는 거 아니냐고 묻는 분들
도 있을 것이다. 그렇다면 필자는 왜 하필 토지에 투자하라고 하는 것
일까? 그 이유를 알아보도록 하겠다.

혹시 여러분은 '희년'에 대해서 들어본 적이 있는가? 희년이란 성경
에 나오는 유대인들의 제도인데 가난 때문에 조상 소유의 땅을 팔았다
고 하더라도 50년이 지난 후에는 원래의 땅 주인에게 돌려주고 땅을
쉬게 하는 제도를 말한다. 그리고 희년에는 노예에게도 자유를 주었다
고 한다. 말 그대로 '해방의 해'라고 할 수 있다. 그런데 우리나라의 제

도도 아닌, 아주 오래전 구약성경에 등장하는 이 제도에 대해 왜 갑자기 이야기를 꺼내는 것일까? 그 이유를 말하기에 앞서 이야기를 하나 하려고 한다.

한 지역에 A라는 사람과 B라는 사람이 있었다. B라는 사람은 본디 땅을 소유하고 있었는데 흉년이 들어 어쩔 수 없이 자신의 땅을 A에게 팔게 된다. 그리고 A의 소작농으로 들어가게 된다. 당장 먹고살아야 할 판에, 굶어죽을 수는 없으니까 그렇게 열심히 한 해 동안 일한 B는 A에게 많은 수확량을 안겨준다. 그런데 여기서 A가 B에게 한 해 동안 고생했다며 많은 보수를 줄 거라고 생각하는가? A는 그저 땅을 소유하고 숨만 쉬었을 뿐인데 B가 열심히 일해서 자신에게 많은 수확을 가져다주었으므로 앞으로도 B 같은 사람을 두기 위해 땅을 늘려갈 생각을 할 것이다.

그렇다면 B는 이렇게 생각할 것이다. '어? 일은 내가 다 했는데 먹고 살 정도만 보수를 주고 A가 다 가져가네? 이런 불공평한 법이 있나'라고 말이다. 하지만 A는 계속해서 C, D의 땅을 사며 점점 부유해진다. 그리고 B는 A의 충실한 소작농이 되어서 평생 열심히 일을 한다. 이때 희년이라는 제도가 있었다면 B의 자손은 땅을 돌려받을 것이고 잘살 수 있다는 희망을 품을 수 있을 것이다. 그러나 야속하게도 우리에게 희년이라는 제도는 예전에도 없었고 지금도 없다.

이제 본론으로 돌아와 필자가 이 이야기를 한 이유를 밝히겠다. 앞에서 필자는 달러를 원하는 만큼 찍어낼 수 있기 때문에 가치가 희석된다는 이야기를 했다. 그것은 부동산도 마찬가지다. 아파트는 재건축해서 더 높게 지으면 되고, 오피스텔은 이미 과잉 공급 상태다. 그런데 땅은 어떨까? 땅은 공급할 수도 없고 대가를 치르지 않는 이상 한 번 판 땅을 되돌려 받을 수도 없다. 다 쓰러져가는, 그 낡고 오래된 은마아파트가 비싼 이유는 그 땅의 입지 조건을 대체할 수 있는 땅이 없기 때문이다.

📍 토지 투자의 장단점

모든 투자에는 장단점이 존재한다. 주식을 예로 들어보자. 주식의 장점으로는 빠른 현금화가 가능하다는 점을 들 수 있다. 높은 변동성을 잘 이용하면 높은 수익을 가져다주기도 한다. 하지만 그것이 곧 단점이기도 하다. 변동성이 높아 손실을 입을 경우 데미지가 크다. 상장폐지의 위험도 있다. 반면 토지 투자의 장점으로는 핵폭탄이 떨어져도 없어지지 않는 안전성을 꼽을 수 있다. 또 투자한 땅 주변이 개발되면 호재로 인한 높은 수익률을 기대할 수 있다. 하지만 주식처럼 당장 현금화하기엔 어려움이 있고 단타가 힘들다는 단점이 있다.

사실 빠르게 수익을 실현하는 것을 싫어하는 사람은 없다. 특히 우리나라처럼 '빨리빨리 문화'가 깊숙이 뿌리내린 사회의 경우 더 그렇다. 그러나 투자는 그런 조급한 마음으로 다가가서는 안 되는 분야다.

토지의 경우 1~2년간 땅값이 크게 오른다고 해도 세금이 50%이며, 3년 이상이 지나야 일반과세가 된다. 따라서 우리 한국 사람이 유독 많이 가지고 있는 그 조급함을 버릴 줄 알아야 한다. 자고로 투자에 성공한 사람들의 공통적인 특징은 기다릴 줄 아는 인내를 가졌다는 것을 명심하기 바란다.

1990년대 초 노태우 정부 때, 1기 신도시가 들어섰다. 그런데 이 도시들이 왜 개발되었는지 아는가? 이유는 간단하다. 답은 '서울, 강남 아파트 값이 폭등해서'다. 그래서 정부는 그 수요를 분산시키려고 1기 신도시를 지정했다. 그렇게 1기 신도시에 수많은 아파트들이 들어섰다. 그런데 막상 아파트들을 짓고 보니 교통이 많이 혼잡스러워졌다. 성남시 분당, 고양시 일산, 부천시 중동, 안양시 평촌, 군포시 산본의 5대 신도시 주변은 출퇴근 시 교통 혼잡으로 북새통을 겪게 되었다. 그래서 뒤늦게 정부가 도로를 깔기 시작했다.

여기서 문제가 생겼다. 주변 지역이 개발되면서 땅값이 비싸졌고 그 상황에서 정부가 도로를 깔려고 하니 보상액수가 어마어마해진 것이다. 가령 1조를 보상해줘야 한다면 10조 그 이상의 돈이 지출되는 상황이 벌어진 것이다. 정부도 바보가 아닌 이상 이를 통해 학습을 했을 것이다. 그래서 2기 신도시부터는 이른바 SOC 사업(도로, 철도, 상하수도, 기반시설 등)을 먼저 개발하게 되었다. 그리고 이제 3기 신도시가 지정되었다. 그런데 3기 신도시들을 살펴보면 상태가 조금 이상하다. 정부에서 그린벨트(개발 제한 구역)를 해제하면서 개발을 추진하고 있는 것이다.

1기 신도시 - 성남시 분당, 고양시 일산, 부천시 중동, 안양시 평촌, 군포시 산본 등

2기 신도시 - 김포시 한강, 인천 검단, 화성 동탄1·2, 평택 고덕, 수원 광교, 성남 판교,

　　　　　 서울 송파(위례), 양주 옥정, 파주 운정 등

3기 신도시 - 남양주시 왕숙, 하남시 교산, 인천광역시 계양, 부천시 대장, 안산시 장

　　　　　 상, 과천시 과천 등

이것이 의미하는 바가 무엇일까? 이제 더 이상 개발할 땅이 없다는 뜻이다. 기성세대는 보통 개발 제한 구역을 안 풀리는 땅, 사면 안 되는 땅이라고 생각한다. 그러나 그 관념을 이제는 깨버려야 한다. 이때까지 3분의 1에 가까운 그린벨트가 해제되었다는 사실을 알아야 한다.

그린벨트 해제 관련 기사 1

출처 이데일리

그린벨트 해제 관련 기사 2

KBS ● 예민 추가

수도권 그린벨트 해제 공공주택 전매 제한 완화

11월부터 수도권 그린벨트를 해제하고 건설한 공공주택의 경우 전매 제한 기간이 완화됩니다.

국토교통부는 내일 이같은 내용의 주택법 시행령 개정안을 입법예고합니다.

개정안을 보면 수도권에서 그린벨트를 50% 이상 해제해 개발한 공공주택의 경우 전매 제한 기간이 최대 8년에서 최대 6년으로 줄어듭니다.

민영주택의 경우에도 전매제한 기간이 최대 5년에서 최대 3년까지 완화됩니다.

이와 함께 공공주택에 적용되던 거주의무기간도 최대 5년에서 최대 3년으로 단축됩니다.

정부는 주택조합제도도 개선해 지역·직장 주택조합의 조합원 자격을 무주택자나 85제곱미터 이하 1주택 세대주로 기준을 낮췄습니다.

출처 KBS

처음 국가가 토지를 그린벨트로 묶었던 이유에는 무분별한 개발을 막아서 자연을 보전하려는 목적이 있었다. 하지만 개인의 사유재산을 침해하는, 명백히 헌법에 위배되는 문제도 동시에 안고 있었다. 그리고 이제는 그린벨트의 3분의 1에 가까운 면적이 해제가 되었다. 즉, 국가도 어느 정도의 '사업'을 해야 한다는 것이다. 그리고 사업을 하기에 가장 좋은 수단이 바로 '땅'인 것이다.

마인드가 갖춰지지 않으면 돈 있어도 투자 못 한다

대부분의 사람들이 투자 기술에만 관심을 갖는다. 그런데 투자 기술보다 훨씬 더 중요한 것이 마인드다. 지금까지 성공한 투자의 조건을 분석해보면 마인드가 90% 이상을 차지한다. 즉, 생각이 모든 것을 결정한다고 보면 된다. 그런데 많은 사람들이 마인드를 중요하게 생각하지 않는다. 마인드가 약한 사람은 투자 기술을 알려줘도 활용하지 못한다. 마인드가 제대로 갖춰져 있지 않은 사람에게 투자는 겁나고 무서운 것이다. 결국 기회가 와도 대부분 잡지 못하고 흘려보낸다. 그래서 마인드가 갖춰지지 않은 사람한테는 가르쳐줘봐야 의미가 없다. 투자 기술도 기본적으로 마인드가 갖춰져 있는 사람에게 필요한 것이다.

투자 기술은 배울 수 있다. 하지만 마인드는 가르칠 수 있는 영역이 아니다. 마인드는 본인이 깨닫고 바꾸지 않는 이상 타인이 변화시키기가 어렵다. 예를 한번 들어보겠다. 투자 상담을 하면서 재개발 지역의 땅을 사라고 권유한다. 투자자는 좋다고 하면서 남편 또는 아내와 상의해보겠다고 한다. 그리고 얼마 후 불안하고 위험한 것 같다며 좀 더 안전한 매물이 없는지 묻는다.

사실 투자 기술은 별거 없다. 역세권 대단지 재개발 구역에 투자를 하면 큰 수익을 올릴 수 있다는 것은 누구나 아는 상식이다. 그런데 막상 투자를 하라고 권하면 재개발은 너무 오래 걸리지 않느냐고 묻는다. 이런 사람은 거의 투자를 하지 못한다. 그래서 투자는 마인드가 중요한 것이다. 아무리 투자 물건을 추천하고 안전하고 안정적이라는 것을 설명해줘도 마인드가 따라주지 않기 때문에 인내할 수 있는 확신을 갖지 못하는 것이다.

돈을 벌고자 하는 간절한 마음이 있는데도 기가 막히게 이 '투자 마인드'가 갖춰져 있지 않아 투자를 하지 못하는 것을 필자는 수없이 많이 보아왔다. 그리고 결국 필자가 내린 결론은 이런 분들은 '돈이 있어도 못 한다'였다.

그때 그 주식을 샀더라면……. 그때 집을 샀어야 했는데……. 그때 그 토지를 샀어야 했는데…….

투자를 하는 분들이 가장 많이 하는 말이 아닐까 싶다. 1990년도에 삼성전자 주식을 샀더라면 지금 몇 억, 아니 몇 십억은 되었을 거라는 부질없는 후회, 병점역 근처의 토지를 샀다가 바로 팔았는데 지금까지 가지고 있었다면 큰돈을 벌었을 거라는 사책과 아쉬움, 그때 그 일을 안 해서 지금 이 모양, 이 꼴이리며 두고두고 던지는 씁쓸한 농담……. 생각보다 이런 경우가 참 많다.

최근 4~5년 사이 강남 아파트가 많게는 두 배 가까이 올랐다고 한다. 그렇다면 30~40년 전 강남 복부인이 처음 출현했을 때 땅에 투자를 했던 사람과 그렇지 못한 사람들의 격차는 얼마나 될까? 웬만한 사람들은 입이 떡 벌어질 만큼 큰 차이가 있다. 워낙 땅값이 올라서 그럴 수밖에 없다.

'옛날에 그렇게 해서 돈을 많이들 벌었으니 지금도 벌 수 있지 않을까?'라는 생각을 하는 사람들이 정말 많다. 그런데 이런 마음으로 투자를 하면 결과가 안 좋을 수밖에 없다. 입력값이 달라지면 전혀 다른 답이 나오듯이, 변수가 바뀌면 결과 또한 달라지는 것이 지극히 당연한 일이다. 지금은 누구나 알다시피 과거와는 많은 부분에서 변수가 생겼기 때문에 같은 결과를 내기는 어렵다. 따라서 결과를 보지 말고 원인을 찾으려는 노력이 필요하다.

예전에 특정 결과를 가져왔던 원인이 달라졌다면 상황이 어떻게 바뀌었는지 반드시 확인해야 한다. 그리고 상황이 예전 같지 않다면 그때는 새로운 방식이 필요하다는 것을 뜻한다. 이 부분에서 우리가 꼭 기억해야 할 것이 있다. '게으른 투자는 인생을 망친다.' 흘려보낸 과거의 기회에 대해 말하는 것은 쉽다. 이미 벌어진 일에 대해 판단을 하는 것은 더 쉽다. 하지만 그것은 매우 게으른 투자다. 과거를 곱씹지 말고 지금 상황이 어떻게 바뀌었는지를 통찰해야 한다.

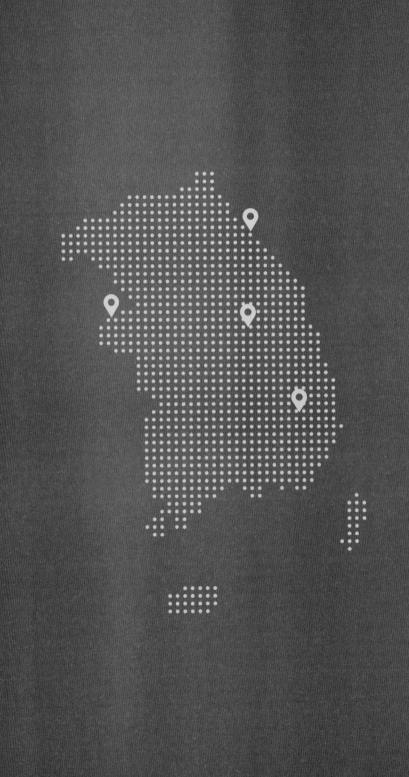

PART

2

투자는 옥석을
가려야 한다

토지 투자에 대해 알아보자

세상에는 많은 투자 상품이 있다. 그중 어떤 것으로도 대체할 수 없는 상품이 바로 토지다. '토지 투자'를 부동산 투자의 꽃으로 꼽는 이유는 토지가 지구상에 단 하나밖에 없는 한정된 상품이기 때문이다. 천하보다 사람이 귀하다는 말을 들어보았을 것이다. 세상의 모든 것들보다 사람이 귀한 이유는 똑같은 사람은 존재하지 않기 때문이다. 토지 역시 마찬가지다. 토지의 입지는 저마다 다르기 때문에 좋은 입지는 그 가치가 계속 상승할 수밖에 없다.

물론 땅에 투자를 한다고 무조건 수익을 낼 수 있는 것은 아니다. 가격이 상승할 만한 요인이 있어야 땅의 가치가 오르고 수익으로 이어질 수 있다. 그래서 부동산에 투자를 할 때에는 가격이 상승할 만한 요인을 분별하는 안목이 필요한 것이다. 단, 가격 상승에 영향을 미치는 요인을 살펴보기에 앞서 구별해야 할 점이 있다.

먼저 순수하게 투자 목적인지, 아니면 아파트나 오피스텔 같은 실수요 목적으로 지어진 건물인지 여부를 구별해야 한다. 어느 쪽이냐에 따라 상승 요인이 달라지기 때문이다. 순수 투자 목적일 경우 기반시설의 유무와 산업단지 또는 신도시 여부 등이 가격에 영향을 미친다. 그리고 인구증기율과 용도 지역, 지구, 구역 변경 등의 요인이 가격 상승 여부를 결정한다. 반면 실거주나 건축을 위한 목적이라면 토지의 지목 변경, 분할, 도로, 벌목 작업 등이 영향을 미친다. 옹벽 공사, 성토, 복토, 매립 작업 등도 가격 상승에 영향을 미치는 요인이다. 그리고 건물이 구축인 경우에는 리모델링, 각종 수리, 방수, 교체 작업 여부 등이 가격을 좌우한다.

이처럼 투자 목적에 따라 가격 상승 요인이 달라지기 때문에 부동산에 투자를 할 때에는 목적을 분명하게 해야 후회할 일을 방지할 수 있다. 특히 순수 투자는 실거주용이 아닌 개발지 중 입지가 좋은 곳을 찾아 장기적인 안목을 가지고 투자하는 것이기 때문에 단필지든 공유 지분 투자든 상관없지만, 개발 호재도 없고 미래가치도 없다면 어느 쪽이든 이익이 나지 않는다는 것을 염두에 두어야 한다.

한편 위에서 살펴본 대로 부동산 투자는 크게 건물과 토지 투자로 나눌 수 있다. 그렇다면 어느 쪽에 투자를 하는 것이 더 유리할까? 부동산 투자를 할 때에는 현재 가격보다 미래의 가치를 더 비중 있게 보는 것이 원칙이다. 미래가치를 보는 안목이 장기적으로 더 큰 수익을 가져다주기 때문이다. 따라서 현재가치가 가격 상승 요인으로 작용하는 아파트, 오피스텔, 상가 등의 건물보다는 개발지, 재개발 등 토지에 투자를 하는 것이 장기적인 수익을 내는 데 더 유리하다.

부동산 투자 시 전제조건과 가격 상승 요인

순수 투자 (개발지, 재개발 등의 토지)	미래가치 판단(외부적 요인＞내부적 요인) 1) 정부 정책(SOC, 산업단지, 신도시 등), 개발 호재 2) 인구 증가 3) 용도 지역, 지구, 구역 변경
실수요 (아파트, 오피스텔, 상가, 건축부지)	현재가치 판단(내부적 요인＞외부적 요인) 1) 형질 변경 ⇨ 지목 변경 2) 분할, 도로, 벌목 작업, 건축 허가 등 3) 옹벽 공사, 성토, 복토, 매립 작업 4) 리모델링, 수리, 방수, 교체 작업

토지 투자 시 알아야 할 핵심 내용

용도 지역	크게 도시 지역과 비도시 지역으로 분류 도시 지역: 주거 지역, 상업 지역, 공업 지역, 녹지 지역 비도시 지역: 관리 지역, 농림 지역, 자연환경 보전 지역
입지 분석	입지 조건을 분석할 줄 알아야 함(미래가치/현재가치)
개발 호재	개발 호재로 인한 용도 지역 변경 가능성과 입지 변화에 대한 예측 미래가치를 판단할 수 있는 노하우 필요 (예: 국토종합계획/도시기본계획/도시관리계획) *투자 목적 시 입지 조건 분석과 함께 매우 중요
규제 사항	현재 걸려 있는 규제 사항을 명확하게 확인하고 장기적으로 규제가 풀릴 가능성 예측(개발 제한 구역/토지 거래 허가 구역 등)
지목	총 28개의 지목이 있으며 대지, 전, 답, 과수원, 임야, 집종지 등이 주요 지목에 해당

건물 투자 vs 토지 투자

주택이나 오피스텔, 상가는 월세 수익을 기대할 수 있고 사고팔면서 일정 부분 수익을 올릴 수 있다. 하지만 거래세와 보유세, 양도세 등 각종 세금 부담이 발생하기 때문에 큰돈을 벌지는 못한다. 그에 반해 토지는 주택이나 건물에 비해 보유세 부담이 훨씬 덜하고, 오래 보유해도 별 문제가 되지 않기 때문에 건물과 비교했을 때 순수익이 더 높다.

단, 이것은 임대를 주지 않았을 때 적용되는 이야기다. 토지에 창고를 지어 임대를 주는 경우가 있는데 월세를 받아 생활에 도움이 되는 것은 잠시일 뿐, 명도 관련 소송에라도 휘말리면 월세 수익으로 인한 이득보다 소송비용 등 유무형의 손실이 더 클 수 있다. 한마디로 머리 아픈 일이 생길 여지가 크다는 뜻이다. 그리고 한 가지 더 주의할 점은 투자 시 합유지분 공동 등기는 피하는 것이 여러모로 좋다. 합유지분 공동 등기는 후에 분쟁의 여지를 남길 수 있으므로 합유지분 등기 방법보다는 공유 지분 등기를 권장한다.

한편 토지는 허가를 받은 경우에만 거래를 할 수 있는 구역이 있다. 토지거래허가구역으로 묶인 경우인데, 예를 들어 용인시 처인구 원삼면 일대를 들 수 있다. 이 구역의 경우 SK 하이닉스가 120조 규모의 자금을 투입, 대규모 산업단지로 개발될 예정이다. 개발 호재가 있는 만큼 투기 방지 차원에서 지자체장의 허가를 받은 실수요자만 거래할 수 있도록 지정되었다. 만약 허가를 받지 않고 거래를 진행한 경우 계약의 효력이 발생하지 않기 때문에 주의가 필요하다.

건물 투자와 토지 투자의 차이

건물	1) 노후화로 수리, 교체, 관리비용 발생 2) 임차인에 대한 관리 부담, 보유세에 따른 세금 부담 3) 직장인, 자영업자인 경우 관리가 어려움 4) 큰 자본 필요, 이에 따른 대출 이자 부담 5) 소액 투자 시 건물의 경우 분쟁 발생 가능성(소유주 다수) 6) 아파트 구입 시 세금 절세 목적으로 부부 공동 등기 7) 용도가 정해져 있어 확장성 부족 　(주택, 상가, 자영업, 월급쟁이, 1층 공인중개사)
토지	1) 비교적 관리가 필요 없음 2) 적은 세금 부담 3) 소액 투자 가능, 지분 투자로 인한 분쟁 발생 미미 4) 넓은 확장성(주식, 땅, 사업, 법인부동산 등)

토지 지분 이해하기

부동산 소유의 형태는 크게 단독 소유와 공동 소유, 두 가지로 나눈다. 단독 소유는 말 그대로 한 명의 소유자가 부동산을 단독으로 소유하는 경우를 말하고, 공동 소유는 두 명 이상의 소유자가 부동산을 공동으로 소유하고 있는 것을 뜻한다. 공동 소유는 다시 공유 지분과 합유, 총유로 나눈다.

여기서 지분은 공유되고 있는 토지 중 각 개인에게 부여된 소유권의 비율을 뜻하는 개념이다. 공유 지분은 개인의 권리가 강화된 공동 소유의 형태를 띠며, 본인이 소유한 지분만큼 공유물에 대한 권리를 행사하는 것이 곧 지분 투자다. 이에 따라 투자자는 자신에게 할당된 지분을 처분할 자유를 가지며, 이것은 공유자의 동의 없이 단독으로 자기 지분을 처분할 수 있는 것을 의미한다. 또한 지분 처분의 자유 원칙에 따라 공유자는 자신의 지분에 저당권 설정도 가능하며, 상속까지도 가능하다. 하지만 1인이 공유물을 독점적으로 사용할 수는 없으며, 개인의 지분을 인정하지 않는 경우도 있다. 교회 재산, 종중 재산이 대표적이며 상속 역시 불가능하다. 이를 총유라고 하는데 총유 재산을 처분할 경우에는 사원총회로 결정한다.

그 밖에 공유와 총유의 중간 형태로 공유자 전원의 동의를 받아 합유 지분을 처분하는 방식이 있다. 이때 각 공유자는 공동의 목적을 위한 경우에 한해서만 공유물을 처분할 수 있으며, 단독으로는 처분할 수 없다. 등기상으로는 대표 외 〇명(예: 홍길동 외 9명)으로 등기한 뒤 개인별 지분을 표시한다.

소유의 형태는 필요에 따라 달라질 수 있는 만큼 어떤 형태가 좋다, 나쁘다고 단정 짓는 것은 잘못된 상식이다. 예를 들어 건축을 하거나 경작을 하기 위해서는 단독으로 필지를 사야 하지만, 투자 목적으로 소액을 들여 공유 지분을 사는 것은 합리적인 의사 결정이라고 볼 수 있다. 모든 토지 거래가 건축을 목적으로 이루어지는 것은 아니기 때문이다. 물론 개인이 건축을 할 수 없다는 것이 공유 지분의 단점이 되기도 하지만, 소액 투자가 가능하다는 점은 공유 지분의 가장 큰 장점이다. 그 밖에 분할의 경우 개인이 건축하는 것이 가능하다는 장점이 있는 반면, 비용이 들어간다는 단점도 있다.

이처럼 토지의 소유 형태는 목적에 따라 달라질 수 있으며, 어느 형태가 정답이라고 말할 수는 없다. 하지만 소액 땅 투자를 목적으로 한다면 공유 지분 등기가 가장 확실한 비법이며, 이것은 필자의 확고한 신념이기도 하다. 소액을 투자해 수익을 최대치로 끌어올리는 데에는 공유 지분 등기만큼 최적화된 소유 형태가 없기 때문이다.

소유의 권리

개인 소유 (개인 등기권리증)	1) 단독 필지: 단독주택, 상가주택, 건물 2) 공유 지분: 아파트, 빌라, 다세대, 오피스텔, 상가 등 집합건물(민법 263조에 따라 사용, 수익, 처분의 자유를 가짐) 3) 건축과 경작이 가능한 실수요 상품이 많으며, 현재가치가 가격 상승에 작용
공동 소유 (공유 지분, 합유 지분, 총유 등기권리증)	1) 합유 지분: 대표적으로 아파트가 부부 공동 명의인 경우에 해당 2) 공유 지분의 형태로 소유하며, 민법 263조에 따라 개발지 토지 사용, 수익, 처분의 자유를 가지며 현재가치보다 미래가치가 가격 상승에 작용 3) 총유: 교회, 절, 종중, 동창회 등이 소유한 토지로 개인의 지분을 인정하지 않음

부동산 매매계약서 작성하는 법

투자 또는 실거주를 목적으로 부동산을 매매하기로 했다면 '계약서'를 써야 한다. 보통은 부동산 중개사들이 준비를 잘 해오지만, 사실 계약서라는 것은 개인과 개인이 작성하는 서류로 정해진 형식은 없다. 다만 일반인들은 작성법을 잘 모르기 때문에 어려움을 겪을 수도 있으므로 일반인들도 알아두면 좋은 계약서 작성 요령을 알아보자.

우선 '부동산의 표시' 란에는 등기부에 기재되어 있는 내용과 똑같이 적어야 한다. 소재지는 부동산이 있는 주소를 말하며 토지에는 지목과 면적을, 건물에는 구조 및 용도와 면적을 기재해야 한다.

'당사자의 표시' 란에는 매도인(파는 사람)과 매수인(사는 사람)의 인적사항을 적는다. 이때 신분증과 등기부에 나와 있는 주민등록번호 및 주소와 일치하는지 반드시 확인해야 한다. 법인이라면 법인명과 대표

이사 이름도 작성해야 한다.

'매매대금' 란에는 한글과 아라비아 숫자, 두 가지를 함께 적는다. 중도금은 당사자끼리 적당한 기간을 조율해서 적는데, 당사자 간 합의가 있다면 계약금과 잔금만 지급하는 경우도 있다. 여기서 법률적으로 부동산을 사는 사람이 잔금을 지급하는 것과 파는 사람이 등기 서류를 넘겨주는 소유권 이전은 동시에 이행이 되어야 한다.

계약서를 쓸 때 아무래도 가장 중요한 것은 깨끗한 상태로 부동산 소유권을 이전해주는 일일 것이다. 특히 은행 대출로 인한 근저당권이나 전세권이 설정돼 있는 부동산을 구매할 때에는 매우 중요하다. 이런 경우 구매자는 이런 사항에 대해 확실하게 알고 계약을 진행해야 하며, 집주인에게 말소해달라고 요구를 할지 여부도 결정해야 한다.

예를 들어 매수인이 전세 등을 안고 매수를 하면 전세금만큼 비용이 줄어든다. 다만 이때 실제 부담해야 하는 돈이 얼마인지 은행 등에서 직접 확인해야 하며, 계약서상 매매대금도 이러한 부분을 감안해 사는 사람이 인수하는 부분을 뺀 나머지 금액을 기재해야 한다. 그 밖에 특약사항으로 조항에서 빠졌거나 추가적으로 넣고 싶은 사항에 대해 구체적으로 작성하고 계약일자와 간인 등을 찍는다.

정식으로 계약을 체결하기 전에는 반드시 등기부등본을 발급받아 소유자를 확인해야 한다. 이때 가급적 계약 당일, 중도금 지불일, 잔금일 모두 각각 한 번씩 발급받아 확인하길 바란다. 또 매도자의 신분증을 직접 보며 등기부상 소유자가 맞는지도 살펴봐야 한다. 그 외에 온라인 '정부24' 사이트에서 토지, 임야대장 및 건축물대장, 도시계획확인서 등을 발급받아 부동산의 현황이 토지 및 건축물 대장과 일치하는지 알아보는 것도 중요하다.

이런 절차가 다소 복잡하고 번거롭게 느껴질 수도 있지만 계약이라는 간단한 방식이 큰돈의 운명을 좌우할 수 있다는 점을 상기하면 전혀 까다로운 작업이라고 할 수 없을 것이다. 특히 일방적으로 만든 서류에는 불리한 조항이 들어갈 수 있기 때문에 문구 하나하나를 꼼꼼히 확인해야 한다.

계약서 작성 시 준비사항

매도자	주민등록초본, 매도용 인감증명서, 신분증, 등기권리증, 등기사항 전부증명서, 건축물대장, 토지이용계획확인원, 인감도장
매수자	주민등록등본, 신분증, 막도장
매도 대리 계약	위임장, 인감증명서, 대리인 신분증, 대리인 도장

왜 토지에 돈이
몰릴 수밖에 없는가?

현대사회에서 모든 형태의 거래에는 세금이 부과된다. 당연히 부동산을 거래할 때에도 세금이 붙는다. 세금의 종류는 살 때와 보유할 때 그리고 팔 때에 따라 나뉜다.

우선 부동산을 구입할 때에는 취득세가 부과되며, 현재 부동산의 기본세율은 4%다. 취득세는 지방세로 징수하는데, 주택의 경우 1~3%로 감면해준다. 하지만 규제 지역에서 공시가격 3억 이상의 주택을 다주택자가 증여할 때 증여 취득세는 기존의 3.5%에서 12%로 상향되었고, 법인의 경우 주택수와 상관없이 무조건 12%의 취득세를 부과하는 것으로 변경되었다. 또한 규제 지역 내 2주택자의 취득세는 8%가 부과되며, 3주택자는 12%를 부과해 세금 부담이 가중되었다. 그 밖에 비규제 지역의 경우 3주택자는 8%를 부과하고, 4주택자의 경우 12%를 부과하고 있다. 반면 토지의 경우 기본세율 4%만 부과하고 있다.

주택을 보유하고 있을 때 부과되는 세금은 재산세와 보유세이며, 재산세의 경우 0.1~0.4% 비율로 부과된다. 또 1주택일 경우 공시가격이 9억 원 이상, 2주택일 경우 공시가격이 6억 원 이상일 때 1.2~6%의 세율로 종합부동산세가 부과된다. 이때 재산세는 지방세로, 종합부동산세는 국세로 징수된다.

종합부동산세와 관련해 법인 소유 주택의 종부세 공제액(6억 원)이 폐지되면서 보유한 주택 전체에 대해 종부세 납세 의무가 부과되었다. 또한 3% 또는 6% 단일 종부세율을 적용받는 법인은 2021년부터 주택분 종부세 계산 시 세 부담 상한이 적용되지 않는 반면, 법인 소유 토지에 대한 종부세에는 부담 상한이 적용된다.

한편 종부세 합산 배제를 적용받기 위한 장기임대주택의 임대 의무기간은 종전 8년에서 최소 10년 이상으로 연장되었다. 아파트 장기매입 임대주택과 단기 임대주택의 경우 임대 의무기간 내에 임차인의 동의를 받아 임대 사업등록을 말소하면 경감받은 종부세는 추징되지 않으나, 아파트 이외의 장기매입 임대주택의 경우 의무기간을 충족하기 전에 임대 사업자등록을 말소하면 경감받은 종부세가 추징된다.

납부 시기는 재산세의 경우 매년 6월 1일을 기준으로 소유자에게 고지하며 건물일 경우 7월, 토지일 경우 9월에 납부한다. 종합부동산세는 재산세와 동일하게 매년 6월 1일을 기준으로 소유자에게 고지하며

12월에 납부한다. 반면 토지의 경우 별도합산과 분리과세가 이루어져 세 부담이 경감된다.

한편 부동산을 처분할 때에는 양도세를 내며 6~45%의 비율로 부과·징수한다. 정부는 2021년 1월 1일 이후부터 양도되는 매물에 대해 10억 원을 초과할 경우 양도세율을 기존의 42%에서 45%로 상향조정했다. 이외에도 정부는 2021년 6월 1일 이후 양도하는 단기보유 매물에 대해 소득 세율을 대폭 상향했으며 핵심은 조정 대상 지역, 비조정 대상 지역 여부와 관계없이 60%의 세율을 적용한다는 데 있다. 이는 2년 이상 보유했을 경우에도 적용되며, 특히 1년 미만 기간 동안 보유했던 매물을 양도할 경우에는 70%의 세율이 적용된다.

다주택자에 대한 양도세 정책으로는 2021년 6월 1일부터 2주택자의 경우 기준세율+20% 중과세율이 적용되며, 3주택자의 경우 기준세율+30% 중과세율이 적용된다. 단, 조정 대상 지역에 있는 주택을 취득한 후 1년이 되기 전에 신규 주택을 취득하고 3년 내 종전 주택을 양도하는 경우에는 중과세율이 적용되지 않는다. 또한 1주택을 보유한 1세대가 조정 대상 지역에 임대주택을 취득했을 경우 중과세율을 적용하나, 2018년 9월 13일 이전에 취득하고 계약금을 지급한 경우에는 적용되지 않는다.

그 밖에 2주택을 보유한 1세대가 1주택을 2021년 1월 1일 이후 양도한 경우 남은 1주택의 비과세 보유기간은 1주택이 된 날로부터 계산한다. 또한 일시적 1세대 2주택자가 1주택을 양도함으로써 비과세 적용을 받은 뒤 신규주택을 다시 취득, 일시적 1세대 2주택이 된 다음 최종 1주택을 2021년 1월 1일 이후 양도하는 경우 비과세 보유기간은 양도하는 주택을 취득한 날부터 계산한다.

한편 1주택자가 9억 원 이하의 주택을 매도 시 양도소득세를 비과세해주며, 9억 이상 초과될 경우 초과분에 한해서 과세한다. 2주택자부터는 기준세율에 20%를 합하여 중과하며, 3주택자의 경우에는 기준세율에 30%를 더하여 중과한다. 또 예외적으로 주택 한 채를 부부 공동명의로 임대 등록한 공동 임대사업자의 경우 요건 충족 시 장기보유특별공제 50%를 적용받을 수 있다. 반면 토지의 경우 기본세율이 적용되며, 비사업용인 경우에만 10%를 중과한다.

양도세율 변경 내용

과세표준	현행 세율	개정안 세율	기본세율	누진공제액
1,200만 원 이하	6%	6%	6%	-
1,200~4,600만 원	15%	15%	15%	108만 원
4,600~8,800만 원	24%	24%	24%	522만 원
8,800~1억 5천만 원	35%	35%	35%	1,490만 원
1.5~3억 원	38%	38%	38%	1,940만 원
3~5억 원	40%	40%	40%	2,540만 원
5억 원 초과	42%	42%	42%	3,540만 원
10억 원 초과	-	45%	45%	5,040만 원

2021년 1월 1일 이후 발생하는 양도소득부터 적용

부동산 단기 보유 시 양도소득세율 인상 비율

보유 기간	2021.05.31. 이전 양도				2021.06.01. 이후 양도	
	주택 외 부동산	주택·입주권	분양권		주택·입주권	분양권
			조정	비조정		
1년 미만	50%	40%	50%	50%	70%	70%
2년 미만	40%	기본세율	50%	40%	60%	60%
2년 이상	기본세율	기본세율		기본세율	기본세율	60%

한편 무상으로 양도할 때에는 받는 사람, 즉 수증자는 증여세를 납부할 의무가 있다. 증여세는 구간별 세율이 10~50%이며, 국세로 징수된다. 증여세 공제액은 배우자의 경우 6억 원, 부모와 자녀는 5천만 원, 미성년 자녀는 2천만 원이며, 10년 합산하여 비과세 혜택을 받는다.

증여액이 1억 이하인 경우에는 증여세율이 10%이며, 누진공제는 없다. 1억 초과~5억 이하인 증여세율 20%, 누진공제는 1천만 원이 부과된다. 5억 초과~10억 이하인 경우 증여세율이 30%이며, 누진공제는 6천만 원이다. 10억 초과~30억 이하는 증여세율이 40%이며, 누진공제는 1억 6천만 원, 30억 초과는 50%이며, 누진공제는 4억 6천만 원이다. 상속세 세율 또한 증여세와 마찬가지로 10~50%의 세율이 부과되며, 국세로 징수한다. 금액별 세율과 누진공제 역시 증여세와 동일하다.

다음으로 부가가치세를 살펴보면 현행법상 우리나라는 모든 공산품과 건축물에 10%의 부가세를 국세로 징수한다. 부동산의 경우 상가,

오피스텔, 건물, 공장 등의 매매 시 부가세 10%가 별도로 부과되며, 이때 매도자가 매수자에게 받아서 부가가치세 신고를 한다. 임대차의 경우에는 임차인에게 받아서 임대인이 신고·납부 절차를 밟는다.

단, 토지와 주택은 부가세를 과세하지 않는다. 상가나 오피스텔을 분양받을 경우에는 주택과 달리 지방세인 취득세뿐만 아니라 국세인 부가가치세도 납부해야 하는데, 이것은 상가나 오피스텔이 부가가치세가 부과되는 과세 대상에 해당되기 때문이다. 부가가치세는 대지 지분에 대해서는 과세하지 않고 건물에 한해서만 10%의 세금을 부과한다. 예를 들어 총 분양가가 5억 원인 상가를 분양받았을 때 건물 부분이 2억 원, 대지 지분이 3억 원이라면 건물 부분인 2억 원의 10%인 2천만 원을 납부해야 한다.

단, 납부한 부가가치세를 관할 지역 세무서에서 환급받을 수 있는데 부가가치세를 환급받으려면 사업자등록을 해야 한다. 즉, 간이과세사업자가 아닌 일반과세사업자로 사업자등록을 해야 부가가치세를 환급받을 수 있다. 이때 임대료가 연간 4,800만 원보다 미달될 경우 세무서에서 자체적으로 일반과세자를 간이과세자로 전환시키는 경우가 있는데 그렇게 처리될 경우 당초 분양받을 때 환급받은 부가가치세가 추징될 수 있다. 이 경우 일반과세자에서 간이과세자로 과세유형 변경 통지를 받으면 '간이과세 포기신고'를 통해 일반과세자 자격을 유지할 수 있으며, 통지서를 받은 즉시 신고를 해야 불이익을 예방할 수 있다.

한 가지 더 유의할 점은 사업 개시일로부터 20일 이내에 사업자등록 신청을 해야 하며, 여기서 사업 개시일은 분양 계약일부터 시작된다. 많은 사업자들이 사업 개시일을 잔금 지급일 또는 등기 접수일로 착각하는데 분양 계약일부터 시작되므로 계약일을 기준으로 20일 안에 사업자등록을 해야 계약금 단계부터 발생한 부가가치세를 환급받을 수 있다.

사업자등록 신청서, 분양계약서 사본, 신분증을 지참하고 세무서에 가면 무료로 사업자등록증을 발급받을 수 있다. 이때 여러 개의 상가를 한꺼번에 분양받는다면 이후의 각종 세무 신고와 상가 처분을 고려해 각각 사업자등록증을 내는 것이 장기적으로는 절세가 된다.

이처럼 주택이나 상가, 오피스텔 등의 건축물에 투자할 때에는 취득세와 보유세(재산세, 종합부동산세), 양도세, 증여세, 부가세 등의 세금이 부가되며 이것은 결론적으로 토지 투자가 세금 측면에서 월등히 유리하다는 것을 의미한다. 또한 세금 관련 부분은 투자 수익률에 큰 영향을 미치므로 목적이 순수 투자라면 무상 증여를 활용해 토지에 투자하는 것이 세금 측면에서 유리할 수밖에 없다.

기획부동산이란 무엇인가?

기획부동산에 대해 들어본 적이 있는가? 한번 여러분의 부모님께 기획부동산에 대해 여쭤보라. 그러면 99%는 사기라고 딱 잘라서 말씀하실 것이다. 그런데 부모님이 사기라고 장담하시는 그 기획부동산이 정말 사기일까?

부모님 세대가 기획부동산을 사기라고 믿는 데에는 크게 두 가지 이유가 있다. 첫 번째는 자신이 소유한 땅이 아닌데 자기 땅이라고 속여서 파는 경우가 있었기 때문이다. 예전에는 인터넷이 지금처럼 발달하지 못해서 A라는 땅을 B라고 속여서 파는 것이 가능했다. 그렇지만 지금은 그런 수법을 이용해 사기를 치기가 힘들다. 두 번째는 등기권리증이 나오지 않는 경우가 있기 때문이다. 두 번째는 100% 사기가 맞다.

과거에는 시행 사기, 개발 사기, 분양 사기가 많이 일어났다. 그러다

보니 부동산 사기가 심각한 사회문제가 되기도 했다. 하지만 지금은 정부가 나서서 예방대책을 세우고 있다. 예전에는 건설사가 고객의 돈을 직접 받아 운용했기 때문에 사고가 발생할 가능성이 높았다. 건설사가 여러 공사현장을 운영하다 보니 다른 공사 현장의 자금을 유용하는 일이 발생해 부도가 나면 고객의 돈이 보호되지 못했다. 이를 막기 위해 김대중 정부 때 시행사와 건설사를 구분했는데 그렇게 해도 사고가 일어나 신탁사가 만들어졌다. 그때 별도로 만들어진 것이 분양 대행사다. 따라서 현재는 일정 규모 이상의 건물을 지어 분양하려면 반드시 신탁사를 선정해야 분양 허가를 받을 수 있다.

고객들의 돈 역시 신탁사에 입금해 반드시 공정에 따라 시행사에 건설 시공비용을 지급하도록 되어 있다. 건설사가 임의로 자금을 유용하지 못하도록 제도적으로 막아둔 것이다. 그래서 지금은 건설사가 망해도 상관이 없다. 다시 입찰받아서 건설사를 선정하면 된다. 그리고 시행사나 신탁사, 분양대행사가 잘못돼도 아무 영향이 없다. 예전처럼 어이없는 부동산 사기가 일어날 가능성이 원천적으로 막혀 있는 것이다. 그런데 기획부동산에 대해 이야기하다 말고 왜 예전에 일어났던 부동산 사기에 대한 이야기를 하는 걸까? 사실 기획부동산의 유래를 거슬러 올라가면 크고 작은 부동산 사기와 연관이 되어 있다.

1970년대, 지금처럼 정보의 유통이 원활하게 이루어지지 못하던 그때 고급 정보는 오직 고위공직자만 독점할 수 있었다. 낭시 고위공식자의 부인들과 중개업자(이때는 복덕방 허가제였기 때문에 공인중개사라고 표현하지 않았다) 간의 거래가 아주 활발하게 이루어졌다. 이때 나온 신조어가 바로 '강남 복부인'이다. 그 당시에는 그야말로 정보가 곧 돈이었다. 덕분에 큰 부자들이 많이 탄생할 수 있었다.

하지만 부작용도 무척 심각했다. 중개업자들은 확정되지 않은 정보를 남용해 고객들을 유혹했고, 심지어 개발하지도 않은 땅을 개발하는 것처럼 꾸미기 위해 현장에 포크레인을 동원하기까지 했다. 그뿐만이 아니라 토끼도 올라가지 못할 산을 도면상으로 칼 분할하여 고객들을 기만하는 일들이 비일비재하게 일어났다. 이때 돈을 벌어보겠다는 마음만 있지 옥석을 구분할 줄 몰랐던 교수, 공직자는 물론 일반인들의 피해는 말해 뭐할까? 말도 못 하게 많은 피해 사례가 속출했다.

자본주의 사회를 살아가는 사람 치고 돈에 대한 욕심이 없는 사람은 없다. 하지만 그 욕심이 지나친 나머지 예전의 개발업자, 중개업자, 떳다방 운영자들은 가짜 정보로 고객들을 우롱하며 호주머니를 털어갔다. 급기야 노무현 대통령이 고문변호사로 있었던 큰 규모의 기획부동산 대표가 구속되면서 확실하지 않거나 변경될 수도 있는 정보를 가지고 고객을 기만하며 폭리를 취하던 기획부동산과 거기에 가담했던 중개업자들, 떳따방이 철퇴를 맞기에 이르렀다.

이때 등장했던 기획부동산은 불안전한 정보를 가지고 부동산 사업을 하며 고객에게 막대한 피해를 주던 부동산이었다. 그 당시 고발과 소송으로 법원과 경찰은 골머리를 썩여야 했고, 사기 사건을 수사하느라 치안을 돌보지 못할 정도로 극심한 분쟁이 야기되던 시대이기도 했다. 기자들이 기획부동산 사기 사건을 대서특필하는 이유도 이 때문이다. 특종을 노리는 기자들이 써왔던 캐치카피였던 것이다. 하지만 현재 이런 형태의 기획부동산은 발붙일 곳이 없어졌다.

지금의 대한민국은 20여 년 전 DNA를 분석하여 기어이 범인을 찾아내는, 완전 범죄는 없다는 것을 세계만방에 증명한 나라다. 세계에서 자유가 가장 잘 보장되며, 인권과 언론·출판의 자유가 보장되는 나라다. 불법 기획부동산이 판을 치던 그때와는 비교도 할 수 없을 정도로 정보통신기술이 발달했고, IT 최강국인 우리나라에서 불법은 그 어떤 것이라도 반드시 응징되고 있다.

다만 기획부동산으로 인한 폐해가 심각했고, 언론을 통해 증폭된 측면이 있는 터라 기획부동산은 믿을 수 없는 곳이라는 인식이 아직까지 팽배한 상태다. 더구나 부모 세대들이 기획부동산을 사기라고 하는 데에는 또 다른 이유가 있다. 기획부동산을 통해 매매한 토지의 가치가 상승하지 않아 돈만 묶인 채 이러지도 저러지도 못하는 상태가 됐을 경우 부모님들은 자신 역시 기획부동산에 사기를 당했다고 느낀다. 말하자면 부모님들은 자신들의 투자가 실패했다고 판단하고 기획부동산은 무조건 사기라고 말을 한다.

물론 심정적으로는 이해한다. 하지만 이것을 사기라고 주장하는 사람들 대부분이 등기권리증을 소유하고 있는 경우가 많다. 등기권리증은 국가에서 인정하는 공문서다. 즉, 기획부동산을 통해 땅을 샀고 등기권리증이 나왔다면 사기가 성립될 수 없다. 법적으로, 공적으로 효력이 인정된 것이다.

예를 들어 친한 지인이 특정 종목에 투자하면 돈을 벌 수 있다고 권유해서 여러분의 피 같은 돈을 투자했다고 하자. 그런데 그 주식에 투자한 후 계속해서 하한가를 치더니 결국에는 상장폐지가 됐다고 했을 때, 그 지인을 사기로 고소할 수 있을까? 또 주변에 이런 이야기를 한들 '그 사람 진짜 사기꾼이네'라는 반응이 돌아올까? 투자는 엄연히 본인의 책임이다. 누군가가 정보를 줬다고 대출까지 끌어다가 한 방에 국밥을 말아먹는 사람이 되고 싶은지 묻고 싶다.

우리는 지금 원하는 정보를 손쉽게 얻을 수 있는 세상을 살고 있다. 과거처럼 정보를 독점하고 이를 기화로 사기 행각을 벌이는 사람들의 수법이 더 이상 통하지 않는 시대다. 투자 환경이 이처럼 달라졌다면 기획부동산에 대한 인식 또한 달라져야 균형이 맞을 것이다.

고수익·고위험이란 말은 많이 들어봤어도 고수익·저위험이란 말은 잘 못 들어봤을 것이다. 수익은 높은데 위험도는 낮다? 이것은 완전히 반대되는 개념이기 때문이다. 만에 하나, 위험도는 적고 고수익이 나오는 상품이 있다면 나는 아주 조용히 내가 먼저 그 상품에 투자할 것이다. 하지만 현실에서 그런 상품은 없다. 위험이 적으면 수익은 없다고 보는 것이 맞다.

반대로 위험이 크면 클수록 수익은 더 커질 수 있다. 다만 원금 손실이란 위험을 감수해야 한다. 그러므로 내가 수익을 추구하는 성향인지, 아니면 수익은 좀 낮아도 안정적인 것을 기대하는 성향인지 파악하는 것이 중요하다. '경제는 심리'라는 말이 있는데 투자 역시 마찬가지다. 자신의 기질과 성향을 잘 파악해 그에 맞춰 투자를 하는 것이 성공 투자로 가는 첫걸음이 될 것이다.

앞에서 4321법칙을 통해 분산투자의 중요성과 필요성을 다루었다. 자신의 성향에 맞춰 투자를 해야 한다고 하면서 성격이 전혀 다른 펀드, 예금, 채권, 부동산, 금, 달러, 주식 등의 투자 상품들을 적절히 혼합해 포트폴리오를 구성해야 한다고 하니 이쯤 되면 서서히 머리가 아파오는 분들이 있을 것이다. 하지만 전혀 다른 성격의 투자 상품을 혼합해 투자하는 것이야말로 진정한 의미의 분산투자다.

📍 자녀들에게 돈에 대해서 숨기지 마라

어릴 때부터 가정 형편을 알아야 금융이해력을 높일 수 있고, 궁극적으로 경제적 독립을 이룰 수 있다. 돈에 대한 건강한 생각을 바탕으로 합리적인 결정을 내릴 줄 알아야 경제력을 갖출 수 있기 때문이다. 실제로 용돈을 받아 한 달 동안 관리할 수 있는 자녀가 그렇지 않은 자녀보다 금융지능 지수가 높다는 조사 결과가 있다.

이제 금융이해력은 생존 수단이다. 돈은 여러 가지 의미로 정의할 수 있지만 결국 행복해지기 위한 수단이다. 미국의 금융교육은 어려서부터 학교와 가정 내에서 서로 소통하며 배우고 함께 하는 것에서부터 시작한다. 저축하고 소비하고 기부하고 투자하는 훈련을 하면서 스스로 실천하는 힘을 기르는 것이다. 저축만을 강조했던 우리의 교육과는 아주 많이 다르다. 미국처럼 어릴 때부터 저축하는 법과 기부하는 법, 투자하는 법을 배우면 이후 어른이 되어서도 잘할 가능성이 더 높아진다.

반면 어린 시절부터 이런 훈련이 되어 있지 않은 아이들은 내가 어느 정도 부모에게 투자를 받고 있다는 막연한 생각만 갖게 되며, 앞으로도 이렇게 해줄 거라는 생각을 더 하는 것으로 나타났다. 결국 이런 생각이 바탕이 되어 부모 집에 얹혀사는 어른이 10년 새 무려 90%가 증가했다고 한다. 일명 캥거루족이다. 자식은 부모의 눈물로 웨딩마치를 올리고, 부모는 빚내서 자식들 결혼시키느라 허리가 휘고……. 결국 이런 상황이 자녀들의 자립심을 떨어뜨려 3대가 한집에서 동거하는 캥거루족 확대 현상이 일어나게 된 것이다. 자녀가 부모를 부양하는 것이 아니라 부모가 나이 든 자식을 부양하는 시대가 도래한 것이다.

실제로 부모가 밝힌 소득보다 청년들이 인식하는 가계 소득이 훨씬 높은 것으로 나타났다. 청년들은 가정 형편이 실제보다 더 좋다고 생각하고 있는 것이다. 소 팔고 땅 팔아 남부럽지 않게 자식 뒷바라지하려는 부모 세대들의 마음이 이런 문제를 더 부채질한 것은 아닌가 싶다. 물론 그 마음 자체가 나쁘다는 것은 아니다. 다만 그런 마음으로 자식들에게 돈을 쥐어주기보다는 금융이해력을 높이는 데 더 투자를 하는 것이 모두에게 결과적으로 좋을 거라는 이야기다. 즉, 금융지능을 키워주는 것이 부모가 자녀들에게 해줄 수 있는 가장 좋은 선물이며, 이를 위해서는 자녀들에게 가정 형편을 있는 그대로 알려주는 것부터 선행되어야 한다.

주식보다 부동산이 인기 있는 이유

흔히 자본주의의 꽃은 주식이라고 한다. 네덜란드에서 처음 시작한 주식은 미국에서 꽃을 피웠고, 약 1,300조에 달하는 애플의 시총만 봐도 미국 내 주식 시장의 위상을 알 수 있다. 미국에는 우리나라 전체 시총인 1,400조와 맞먹는 애플 같은 공룡기업이 수십 개가 더 있다. 미국이 주식 시장의 천국이라고 불리는 이유를 알 수 있는 대목이다.

그렇다면 우리나라는 어떨까? 미국에서 주식 시장이 활짝 꽃피었다면 우리나라에서는 부동산이 꽃을 피웠다고 해도 과언이 아니다. 자본주의에서 자산은 금융 자산과 실물 자산으로 구분하는데, 대표적인 금융 자산이 주식이라면 실물 자산 중 대표 상품은 부동산이다. 우리나라에서는 주식보다 부동산을 더 선호하는 경향이 있는데, 이는 높은 안전성 때문이다. 금융 상품인 주식은 변동성이 높은 반면, 부동산은 좀처럼 가치가 하락하지 않는 안전 자산에 속하기 때문에 부동산 중 건물은 사용 목적으로, 토지는 가치 상승과 투자 목적으로 지속적인 관심을 받고 있다.

사실 아파트를 사는 것 역시 어떤 측면에서 보면 땅의 입지를 보고 미래가치를 판단하여 지분을 사는 것이라고 볼 수 있다. 그렇기 때문에 재개발, 재건축 건물에 대한 매매 거래를 할 때 지분을 기준으로 거래금액이 산정되는 것이다. 따라서 부동산 가격의 근본 가치는 토지에 있다고 볼 수 있다. 그렇다면 우리가 토지 투자를 통해 안전하게 미래를 준비하는 것을 주저할 이유가 있을까? 더구나 큰돈을 들이지 않고도 소액 분산 투자를 통해 수익을 낼 수 있는데 이것을 마다할 이유는 없을 것이다. 따라서 이제는 근로소득만으로 자산을 불릴 수 없는 직장인들이 토지 투자 방법을 공부해야 할 때다.

특히 변동성이 크고 불확실한 주식보다는 안전한 토지 문서를 소유함으로써 가장 확실한 방법으로 소액 투자를 할 것을 적극 추천한다. 입지 조건이 매우 탁월한 토지 문서를 몇 개 보유하는 목표를 세워 지금 당장 실행한다면 직장인들도 미래에 자본

수익을 기대할 수 있는 희망을 갖게 될 것이다. 적어도 이 책을 보고 있다면 반드시 실행하기를 적극 권장하며, 좀 더 확신이 필요하다면 다음의 성공 사례를 참고하길 바란다.

1. 매교역세권 재개발 지분 투자 사례(2005~2019년, 프리미엄 5억대)

2. 천안역세권 재개발 지분 투자 사례(프리미엄 1억 원)

3. 송산 엽전 30년 전 기간 후 300억 보상 사례(평택 시흥 긴 고속도로 공사료 보상)

4. 송산 포도밭 사례(20년 전 평당 5만 원에서 지금 평당 200만 원으로 가치 상승)

5. 석산사업으로 친구의 사업부지 지가 상승 성공 사례와 진입도로 작업 시 지분 매수가 어려워 가격을 단필지보다 비싸게 구입하여 지분의 위력을 알 수 있었던 사례

6. 오산 10,000제곱미터 필지를 1,600제곱미터, 1,700제곱미터로 분할하여 3.3제곱미터당 100만 원에 구입, 현재 15년 만에 600~700만 원으로 7배 이상 상승

7. 용인 양지공장 13억 매수 후 5년 만에 28억 매도한 사례

8. 오산 농업진흥구역 농지 60만 원 매수 후 1년 만에 200만 원으로 오른 사례(시행사 매수 요청 성공 사례)

9. IMF 때 죽지 않으려고 2억을 병점에 투자하여 2019년 40억 보상받은 성공 사례

10. 강남 사모님이 전국에 보유한 땅으로 매년 한두 건씩 보상을 받아 여유로운 노후생활 중

11. 아주대 삼거리 병원 자리, 20년 전 일반주거 지역으로 3.3제곱미터당 600만 원에서 현재 준주거 지역으로 용도 상향. 향후 인덕원선 역세권 착공으로 현재 3.3제곱미터당 3천만 원으로 가치 상승

12. 부동산을 운영했던 상가 건물주 평생 땅 구입, 아들도 땅에 집중 투자. 집은 재개발 지역 내 단독주택 한 채를 보유하고 있고, 재개발 아파트 한 채 입주권 보유 중. 그만큼 토지 투자에 대한 집념이 컸고 수원시 팔달구에서 종합부동산세 많이 내는 분으로 손에 꼽힘

변화는 고통을 감내하고
새로운 습관을 만드는 과정

좋은 투자처를 고르는 안목을 키워라

투자를 할 때 가장 중요한 것은 경험을 쌓는 일이다. 경험을 쌓으려면 그만큼 투자를 많이 해봐야 한다. 그리고 경험을 통해 얻어지는 안목을 이론으로 배우려고 해서는 안 된다. 연애를 글로 배울 수 없는 것과 마찬가지다.

가령 《연애를 잘하기 위해서 꼭 알아야 되는 50가지 필수 항목》이란 책이 있다고 하자. 누군가가 그 책을 보고 '아, 그렇구나'라고 생각할 수도 있겠지만 정작 실전에서는 무용지물인 경우가 허다하다. 연애를 잘하려면 직접 해봐야지, 책이 그것을 가르쳐줄 수는 없다. 좋은 투자처를 고를 줄 아는 안목 역시 마찬가지다. 투자를 많이 해봐야 상품을 보는 눈이 생긴다. 경험만큼 좋은 교육은 없는 법이다.

그러면 이렇게 묻는 독자들이 있을 것이다.

"저는 돈이 없는데 어떻게 투자를 많이 합니까?"

이런 경우 필자는 이렇게 대답한다.

"작은 걸 여러 개 사면 됩니다."

그러면 또 다른 질문이 꼬리를 물고 이어진다.

"작은 걸 여러 개 사면 관리가 힘들 텐데 어떻게 해야 합니까?"

"열심히 관리하면 됩니다."

"아니, 너무 귀찮고 힘들잖아요."

"그러면 안 하면 됩니다."

"그래도 돈은 벌고 싶은데요."

"그러면 작은 걸 하면 됩니다."

결론부터 말하면 돈은 벌고 싶은데 관리하는 수고는 들이기 싫다는 마인드로는 아무것도 할 수 없다. 그저 공허한 말만 반복될 뿐이다.

어떤 투자를 하든 가장 중요하게 생각해야 할 점은 모든 투자를 다 성공시키려고 하면 안 된다는 것이다. 사실 이런 마음을 갖는 사람들은 초보자이거나, 혹은 늘 주저하기만 하는 사람들일 확률이 높다. 그런 사람들이 보이는 전형적인 특징이기 때문이다.

지금까지 필자가 경험해본 바에 따르면 이런 분들은 모든 투자에서 100% 성공하려고 한다. 그런데 그것이 현실적으로 가능할까? 투자할 때마다 매번 큰돈을 벌고 싶어 하는 심리는 역설적으로 아무것도 못하게 한다.

예를 들어 보상을 받았는데 보상금이 천만 원 정도 나왔다고 하자. 천만 원이라도 번 건 번 건데 어떤 분들은 '고작 그 돈 벌려고 투자했나?'라고 생각한다. 또 어떤 분들은 대단하다며 놀라기도 한다. 아니면 그 정도밖에 못 벌 바에는 안 하고 말겠다는 분들도 있다. 그런데 단돈 5만 원을 벌어도 해야 하지 않을까? 아니, 손해를 좀 봐도 해봐야 하는 것이 투자다. 경험이 쌓여야 큰 수익을 낼 수 있는 좋은 투자처를 알아보는 눈이 생기기 때문이다. 가령 100만 원을 손해 봤다고 쳤을 때, 그래도 그 경험을 통해 배운 게 많다면 무조건 손해인 것만은 아니다. 그 다음 번에 50만 원, 또 100만 원, 이런 식으로 손해를 봤다고 해도 그것을 이득으로 전환하는 방법을 터득한다면 장기적으로 큰 수익을 창출하기 위한 수업료를 낸 것으로 볼 여지도 있다.

그런데 사람들은 100% 성공을 원하기 때문에 경험을 하지 않는다. 아무런 경험을 하지 않으니까 바뀌는 게 없는 것이다. 결국 마인드도 안 바뀌는 것이다. 그런 다음에는 바뀌는 게 없으니 남을 원망하게 된다. 개인적으로 필자는 이런 사람과 일하는 것이 제일 힘들다. 단정 지을 수는 없지만 이 세상에는 아무것도 하지 않으면서 남을 욕하는 사람들이 95% 이상 되지 않을까 싶다. 반대로 주변에서 뭐라고 하든 그냥 묵묵히 자기 길을 가는 사람들은 5% 정도밖에 안 되는 것 같다. 더 심각한 것은, 아무것도 하지 않으면서 남을 험담하는 사람들은 남이 잘되는 것을 덮어놓고 싫어하기만 한다는 것이다. 사실 이런 사람들이 많으면 안 되는데 현실에는 차고 넘칠 정도로 많은 것이 문제다.

일단 경험하는 것이 최선의 방법이다. 누구나 인생을 바꾸고 싶어하고 바꾸기 위해 노력하는 것은 당연한 일이다. 그리고 노력에는 반드시 시간과 수고가 수반되기 마련이다. 수고하는 것은 싫고, 시간을 투자하는 것도 싫고, 그냥 나 하고 싶은 것만 하고 싶다? 이건 뻔뻔해도 보통 뻔뻔한 것이 아니다.

투자를 할 때도 마찬가지다. 리스크는 감수하기 싫고, 항상 100% 수익이 나길 바라고, 돈 천만 원 정도는 돈 같지도 않고……. 이런 생각을 가지고 인생을 사는 사람들이 세상에는 너무나 많다. 이런 사람을 가까이하지 않는 것이 경제적인 문제를 조금씩이라도 푸는 데 도움이 될 것이다.

기본에 충실하면 치명적인 투자 손실은 보지 않는다. 원금을 지키는 투자가 바로 기본인 것이다. 자산을 증식시키려면 현금보다는 문서를 갖고 있는 것이 중요하다. 안정적으로 원금을 지키되 가치가 상승하는 문서를 갖고 있어야 자산 증식을 기대할 수 있다.

최근에 SNS에서 주식 말고 돈 벌 수 있는 방법이 있는지 묻는 글을 보았는데 사실 미국에서는 주식이 안전하지만 우리나라에서는 부동산이 안전하다. 물론 이것은 전적으로 투자자가 결정할 문제다. 하지만 투자처를 고를 때 경제 환경을 고려하는 것은 아주 중요하다. 미국의 경우 오랜 시간 동안 기업의 재무구조가 투명하게 운영되어 주주들에게 꾸준히 배당을 해주는 구조이지만, 우리나라 기업은 투명하지 못한 부분이 많고 경제사범에 대한 처벌도 솜방망이 수준이라 미국처럼 안전하게 투자할 수 있는 환경이 형성되어 있지 않다.

반면 부동산, 그중에서도 토지는 50년 동안의 학습을 통해 안전성, 수익성 측면에서 단연코 으뜸 상품으로 손꼽히고 있다. 물론 주식 투자나 부동산 투자나 본질은 다르지 않다. 주식 투자를 할 때 미래가치가 상승할 좋은 종목을 선택하는 것이 중요하듯 부동산 투자도 마찬가지다. 좋은 투자처를 알아보는 안목을 기르려면 투자 공부를 꾸준히 해야 하는 것 역시 동일하다.

마지막으로 다른 그 무엇보다 가장 중요한 것이 경험치를 쌓는 일이다. 그렇기 때문에 투자를 많이 해봐야 한다는 것이다. 경험 없이 책상머리에 앉아 습득한 지식으로 성공하는 투자는 현실세계에서는 없다고 보면 된다.

부자가 되려면 투자를 두려워 마라

자본주의에서 생산의 3요소는 토지, 자본, 노동, 이 세 가지다. 이 중 급여소득자와 자영업자, 전문직 종사자, 소상공인은 노동을 통해 돈을 벌고 사업가(종업원 500명 이상)와 토지·주식 보유자는 자본소득, 즉 일하지 않고도 돈을 벌어들이는 불로소득을 얻는다. 이들 중에서 누가 부자가 될 확률이 높을까? 당연히 후자다. 그들에게는 '생산 수단'이 있기 때문이다.

생산 수단은 크게 두 가지로 나눌 수 있다. 첫 번째는 사업, 두 번째는 재테크다. 그래서 직장인과 자영업자, 전문직 종사자는 반드시 재테크를 해야 한다.

"잠자는 동안에도 돈이 들어오는 방법을 찾아내지 못한다면 당신은 죽을 때까지 일을 해야 할 것이다."

워런 버핏이 한 말이다. 생산 수단을 만들지 못한다면 당신의 노후는 재앙이 될 거라는 의미다. 생산 수단을 만든다는 것은 자본주의를 이해한다는 뜻이다. 반대로 말하면 자본주의를 이해하지 못하면 가난해진다는 의미도 된다. 자본주의 사회란 그것이 옳든 그르든 돈이 중심이 되는 세상이다. 그리고 오늘날 돈은 계속 늘어나고 있다. 즉, 돈의 가치가 계속 떨어지고 있다는 뜻이다.

반면 부동산의 가치는 지속적으로 상승하며 우상향 그래프를 그리고 있다. 그중에서도 토지는 돈처럼 무한대로 찍어낼 수 있는 것이 아니다. 돈과는 반대로 한정되어 있기 때문에 가치가 상승하는 것이다.

현재 정부는 부동산 가격을 억제하기 위해 24차례나 부동산 종합대책을 발표하며 다주택자를 압박하고 있다. 그들을 투기꾼으로 규정하고 과도한 세금 부담과 대출 규제 등을 동원해 주택 가격 상승을 막으려고 하는데, 정부가 한 가지 간과하고 있는 것이 있다. 부동산 가격이 올라갈 수밖에 없는 자본주의 경제 구조를 이해하는 것이 무엇보다 중요하다는 점이다. 한국은행에서 돈을 찍어내고 그 결과 돈의 가치가 하락하면 월급을 올려주는 것이 지극히 당연한 것처럼 부동산 값이 오르는 것도 자본주의 사회에서 일어날 수밖에 없는 당연한 현상일 뿐이다.

주식을 봐도 지난 10년간 박스권에 묶여 있다고는 하지만 장기적으로 보면 점점 상승하고 있다. 세금, 원재료, 인건비 등 각종 제조원가 인상분을 소비자에게 전가할 수 있는 주식 시장 역시 점점 커지고 있는 것이다.

자본주의 사회에서 가장 어리석은 사람은 월급이 오르는 것은 좋아하면서 집값이 떨어질까 봐 부동산도 못 사고, 주식 역시 떨어질까 봐 못 사는 사람이다. 평생 부동산도, 주식도 못 사고 현금만 들고서 원금 보장, 적금 이자에 만족하며 돈의 가치가 하락하는 것을 이해하지 못하는 사람은 자본주의 사회를 살아가면서 자본주의에 대한 기초적인 이해조차도 없는 사람이다.

자본주의 사회를 이해하려면 자본을 늘리는 주체에 대한 이해는 필수다. 자본주의 사회에서 자본을 늘리는 주체는 자본가와 노동자다. 자본가는 자본에 투자함으로써 수익을 얻고, 노동자는 노동을 통해 근로소득을 얻는다. 그런데 자본가는 시간이 지날수록 노동으로 수입을 얻는 노동자보다 더 큰 수익을 벌어들이게 된다. 현재 자본수입에 비해 노동수입의 비중이 적다는 것은 다들 잘 알고 있을 것이다. 따라서 노동수입에만 의존하는 사람이 자본을 모으는 것은 불가능하다고 생각해야 한다. 그리고 자본수입과 불로소득(임대소득)을 올리지 못하면 가난해질 수밖에 없는 세상에서 살고 있다는 것을 인정해야 한다. 그렇기 때문에 노동수입을 자본수입으로 전환하려는 노력을 기울여야 한다는 것이다. 그리고 이 비법을 자녀에게도 전수해주면 부모로서 자녀에게 해줄 수 있는 최고의 선물이 될 것이다. 그렇지 않으면 안타깝게도 가난은 내물림될 수밖에 없다.

사람이 사람을 만나면 역사가 만들어지고, 사람이 하나님을 만나면 기적이 이루어진다는 말이 있다. 사람이든 하나님이든, 멀리 가려면 함께 가야 하며 실행하지 않으면 꿈은 현실이 될 수 없다. 그리고 목표를 향해 포기하지 않고 멈추지 않는다면 반드시 목표에 도달할 수 있다. 어떤 일이 이루어지지 않는 이유는 끈기 있게 실천하지 않기 때문이다.

물론 실패를 두려워하는 마음은 인간인 이상 가질 수밖에 없다. 하지만 비 온 뒤에 땅이 굳어지고, 무지개는 비가 온 뒤 날이 개어야 볼 수 있는 법이다. 꿈을 실현하기 위해서는 때론 실패도 하고 고난도 생기고 어려움도 겪어야 한다. 많이 실패한 사람일수록 더 높이 올라가는 것이 세상을 움직이는 이치라는 것을 기억해야 한다. 그리고 경험보다 앞선 스승은 없다는 것도 기억하기 바란다. 한계를 넘어야 비로소 세상이 보이는 법이고, 감사할 줄 아는 마음이 반드시 성공을 가져다주지는 않지만 감사할 줄 모르는 사람은 절대 성공할 수 없다. 감사할 일이 많아지고 있다는 것은 성공이 눈앞에 왔다는 것을 의미한다.

옛말에 "말이 씨가 된다"는 말이 있다. 하도 흔한 말이라 그 안에 담긴 뜻을 잘 모르는 사람이 많은 것 같다. 이것은 우리가 긍정적으로 사고하며 항상 잘되고 있다고 말해야 한다는 것을 의미한다. 사랑한다는 말, 격려하는 말, 칭찬하는 말을 할 때 행복은 다가온다. 지금 말한 것을 실천할 때 행운이 물밀듯이 다가오는 경험을 하게 될 것이다.

좋은 습관의 중요성

신조어 중에 '볼매'라는 말이 있다. 무슨 뜻일까? 볼수록 매력적인 사람이라는 뜻이다. 평소 하는 말을 들어보면 그 사람의 성품을 알 수 있다. 밝은 사람에게서는 감사, 사랑, 온유의 말이 흘러나온다. 반대로 육두문자가 튀어나오는 사람은 화가 많고 분노가 많은 사람, 가슴에 욕이 많이 들어 있는 사람이다.

우리는 살아가면서 많은 사람들을 만난다. 그중에는 만나야 할 사람과 만나지 말아야 할 사람이 있다. 어떤 사람과 인연을 이어갈지는 우리가 선택할 수 있다. 화가 많은 사람보다는 밝은 사람을 만나는 것이 나에게도 더 이로울 것이다. 우리가 하는 일 역시 마찬가지다. 내가 할일을 내가 선택하는 것, 이보다 더 매력적인 일이 있을까?

물론 경제활동 자제는 선생이나 마찬가지다. 그래서 연장을 갈고 준비하는 것을 게을리해서는 안 되는 것이다. 벼를 벨 때도 연장을 갈아야 잘 벨 수 있는 법이다.

골프를 처음 배울 때 코치가 힘을 빼라고 했던 기억이 있다. 보통 사람들은 힘을 빼는 데 3년 이상 걸린다고 한다. 투자 역시 마찬가지다. 처음부터 과도하게 힘을 주고 큰돈을 투자하면 덜 갈린 낫으로 추수를 하는 것이나 마찬가지다. 조금씩 꾸준히 연장을 갈고 닦아 손에 알맞게 익었을 때, 그때가 수확을 할 타이밍인 것이다.

그날이 오기를 기다리며 좋은 습관 여섯 가지를 소개하려고 한다. 이 습관이 몸에 배어 있는 사람에게는 더 큰 행운이 찾아오기 때문이다.

첫 번째는 메모하는 습관이다. 사람의 기억력에는 당연히 한계가 있다. 나이가 들수록 기억하는 것보다 흘려보내는 것이 더 많아진다. 하지만 어떤 분야든 많은 것을 알고 있는 사람이 더 기회를 잘 살릴 수 있는 법이다. 그러니 메모하는 습관을 갖자. 언젠가 그 메모의 내용이 신의 한 수가 될 수도 있다.

두 번째는 걷는 습관이다. 해외에 나가면 발걸음을 옮길 때마다 눈에 보이는 모든 것이 다 배울 것들이라는 말이 있다. 그런데 그 말이 해외에만 적용되는 것은 아니다. 찬찬히 주변을 둘러보며 걷고 또 걷다 보면 예전에는 미처 알아차리지 못한 깨달음을 얻을 수도 있다. 우리의 삶에는 무심히 스쳐 보냈던 것들에서 너무나 귀한 가치를 발견하는 경우가 생각보다 많다.

세 번째는 과식하지 않는 습관이다. 과도한 음식물 섭취는 우리 몸의 불균형을 가져오고 각종 트러블을 일으킨다. 신체적으로도, 정서적으로도 과식은 우리에게 이로움을 주지 않는다. 필요한 만큼의 영양분을 섭취하고 그것을 잘 사용할 때 우리 몸은 최상의 컨디션을 유지한다. "건강한 신체에 건강한 정신이 깃든다." 먼 옛날 로마 시대 때부터 이어져온 말이다. 건강한 몸과 마음을 갖는 데 힘쓰길 바란다. 행운은 그런 사람에게 더 크게 보이는 법이다.

네 번째는 읽는 습관이다. 현재 인류는 정보의 홍수 속에서 살고 있다고 해도 과언이 아니다. 너무나 방대한 양의 정보가 실시간으로 쏟아지기 때문에 인간의 눈과 귀는 더 빠르고 더 명료하며 간단하고 단순한 메시지에 길들여지고 있다. 하지만 사람의 마음을 헤아리는 통찰력, 참과 거짓을 구분하는 분별력, 세상을 바라보는 깊이 있는 눈은 종합적인 사고와 깊은 사색을 통해 얻어지는 것이다. 눈에 확 들어오는 단편적인 지식, 정보만 가지고는 세상을 읽어낼 수 없고 이것은 곧 돈의 흐름 역시 파악하지 못한다는 것을 의미한다. 그러므로 읽는 습관을 들이자. 모두가 화려한 영상에 열광할 때 여러분이 읽는 한 권의 책은 여러분에게 더 안락한 삶을 약속해줄 것이다.

다섯 번째는 경청하고 대화하는 습관이다. 말하는 것보다 들어주는 것이 더 중요하다는 건 많은 사람들이 알고 있다. 하지만 그것을 실천하는 사람보다 그렇지 못한 사람이 훨씬 더 많다. 경청하는 습관은 우리의 사고 폭을 넓혀주고 결과적으로 경쟁력을 높여준다.

한 사람의 눈으로 모든 것을 보기에 세상은 너무나 넓다. 아무리 뛰어난 사람이라도 보지 못하는 부분이 생기기 마련인데, 경청하는 습관은 이를 보완해준다. 다른 사람의 눈을 통해 내가 미처 놓친 부분을 보는 사람은 그만큼 성공할 확률이 높아진다. 아는 만큼 보이는 법이다.

마지막으로 필요한 것은 감사하는 습관이다. 지금 건강하다면 그 사실에 크게 감사하라. 나이를 먹을수록 자랑할 것은 건강밖에 없다. 천금을 쌓아둬도 몸이 허약하면 큰 의미가 없는 법이다. 그리고 건강하다는 것을 감사하는 마음으로 주어진 많은 것들에 감사하라. 세상은 감사할 줄 아는 사람에게 더 많은 선물을 주는 곳이다. 큰 부자들이 겉으로 보기에는 단호하고 냉정한 면이 있는 것 같지만 그들 역시 사소한 것에 감사하는 마음을 갖고 있다는 것을 기억하기 바란다.

부동산은 투자가치를 가진 상품이기도 하지만, 동시에 서민들의 주거 안정과 직결되는 민생 문제이기도 하다. 그런 이유로 정부는 정책을 통해 부동산 시장을 규제하기도 하고 반대로 완화하기도 한다. 정부 정책에 따라 기복을 겪을 수밖에 없는 부동산 시장이긴 하지만 부동산 문제가 서민의 주거 안정을 가장 심대하게 훼손하는 경우는 따로 있다. 바로 부동산 사기로 인한 피해다.

가족 중개업자와 건축업자가 모의해 대출이 많은 다가구주택에 월세가 아닌 전세계약서를 쓰게 한 뒤 집을 경매로 날려 보증금을 날리게 하는 사례. 임대인에게 위임계약을 받은 후 세입자와 전세계약서를 작성, 임대인에게는 월세로 속여 보증금을 횡령하는 불법 중개. 그 밖에 불법 대리 행위 및 떳다방 불법 문양권 전매 행위, 매매가 폭리 등은 서민의 주거 안정에 해악을 끼치는 범죄 행위다. 사문서 위조나 명의 신탁을 통한 부동산 실명거래 위반, 미등기 전매 위반 역시 부동산 관련 불법 행위로 적발 시 형사처분을 받는 범죄에 해당한다.

현재 우리나라에서는 중개 사고로 연간 300억 이상의 공제보험금이 지출되며, 이것은 얼마나 많은 부동산 중개 사고가 발생하고 있는지 단적으로 보여준다. 부동산 분야는 그야말로 살얼음판을 걸을 수밖에 없는 것이 현실이다. 영어나 수학은 몰라도 손해 보지 않지만 부동산은 모르면 큰 손해를 볼 수 있고 그 결과 인생의 쓴맛을 알게 될 수도 있다.

그렇다면 이런 중개 사고를 어떻게 피해야 할까? 답은 하나, 전문가의 도움을 받는 것뿐이다. 전문가로서 부동산 사고를 피하기 위한 팁을 드리자면, 우선 전세 계약을 할 때에는 가능한 대출이 없는 주택을 선택해야 한다. 만약 불가피하게 대출이 있는 집을 계약할 때에는 월세로 계약하는 것을 추천한다. 월세의 경우 보증금이 적기 때문에 떼일 염려가 거의 없다. 그리고 가장 중요한 것은 전세 계약 시 전세금은 반드시 임대인 계좌에 입금해야 한다. 공인중개사나 중개보조원의 계좌에 입금하는 것은 매우 위험하며, 어떠한 경우에도 임대인 계좌에 입금해야 만약의 사태에 대비할 수 있다.

부동산 사기 피해 사례가 빈번하게 발생하고 있지만 평생 부동산 거래를 하지 않고 살 수는 없다. 또 일부 중개업자가 전세를 월세로 속인다고 해서 전체 공인중개사를 사기꾼으로 몰 수는 없는 일이다.

부동산 계약 시 유의할 점

전세 계약	가급적 대출이 없는 주택 선택
	불가피하게 대출이 있을 경우 월세 계약 추천
	전세금은 반드시 임대인 계좌로 입금(공인중개사나 중개보조원 계좌 입금 삼가)
분양권	전매 금지 분양권 매매 불가

　필자 역시 공인중개사의 길을 걸어왔기 때문에 공인중개사분들을 존중한다. 삶의 현장은 그리 녹록지 않지만 90% 이상의 공인중개사들은 정말 성실하게 일하고 있다고 확신한다. 따라서 부동산 사기가 무서워 투자를 망설이는 것 역시 합리적인 태도는 아닐 것이다.

　특히 우리나라에는 다단계 피해, 가상자산 사기 등 무분별한 투자가 횡행하고 있어 투자 사기에 의한 피해를 방지하기 위해서는 제도권에 들어오지 않는 투자는 보호되지 않는다는 것을 반드시 알아야 한다. 주식을 사면 기업과 동업을 하는 것이 되고, 토지를 사면 국가와 동업자가 되는 것이지만 제도권이 보호해주지 않는 투자는 오롯이 투자 당사자가 책임져야 한다.

　세상에는 수많은 투자 상품이 있지만 안전성과 수익성이 담보되는 상품은 생각보다 많지 않다. 법과 제도에 의해 보호되며 시간이 지날수록 가치가 상승하는 투자 상품은 부동산이 거의 유일하다. 그중에서도 토지는 가장 높은 수준의 안전 자산으로서 안정적이고 확실하게 여러분의 삶의 질을 높여줄 것이다.

초보투자자들이 가장 많이 하는 질문

초보투자자들을 만나 상담을 하다 보면 이런 질문을 많이 한다.

"개발은 언제 될까요?"

"언제쯤 돈이 될까요?"

그런 분들에게 이렇게 묻고 싶다.

"땅의 비전을 정말로 이해하고 투자하시려는 건가요?"

만약 땅의 비전을 이해하고 있다면 대단한 안목을 가지고 있는 것이다. 지구상의 모든 상품은 사용과 동시에 감가상각이 이루어지지만 유일하게 가치가 지속적으로 상승하는 것, 그것이 바로 토지다.

이 책에서 말하는 토지 투자란 팔기 위해 사는 것이 아닌 보유하기 위해 사는 것이다. 만약 몇 년 안에 팔 생각이라면 투자를 포기하는 것이 낫다. 이렇게 이야기하는 이유는, 토지는 팔려고 하면 제값을 받지 못하기 때문이다. 그리고 본래의 가치보다 못한 처우를 받기 마련이다. 그래서 급하게 팔려고 하면 가격에 실망을 하는 것이다. 하지만 팔지 않고 중장기적으로 보유하고 있으면 그 가치는 우상향하고 가장 꼭짓점에서 최고의 수익을 보장할 수 있다. 그렇기 때문에 토지에 대한 비전을 가지고 있는 사람들은 절대 팔 생각을 하지 않는 것이다.

아파트를 사서 큰돈을 번 사람은 거의 없다. 또 주식에 투자해서 큰돈을 번 사람도 거의 없다. 자영업을 해서 큰돈을 버는 것 역시 요즘 같은 저성장 시대에서는 불가능에 가깝다. 제조업 역시 마찬가지다. 오히려 아파트는 대출 때문에 은행 명의의 집이나 다름없고, 사업을 한다고 해도 대부분 망하거나 빚을 지고 있는 것이 현실이다. 하지만 땅을 끝까지 지키고 있던 사람들은 토지가 미중물이 되는 경우가 많다. 회사는 부도가 났지만 부인 명의로 해둔 경기도 광주의 토지를 10억에 처분해 다시 재기한 사례, 큰 기업의 부도를 피하지 못해 힘든 상황에서 월세 95만 원이 나오는 상가와 토지를 처분해 안정된 생활 기반을 마련한 사례 등 땅이 재기의 발판이 된 사례는 무수히 많다.

'땅은 절대로 배신하지 않는다'라는 말이 있다. 그리고 이것은 어김없는 사실이다. 그래서 예부터 만석꾼은 땅에 돈을 묻는다는 말이 있는 것이다. 단, 힘들 때 땅을 요긴하게 쓰기 위해서는 결단력과 용기, 타이밍, 인내, 기다림이 필수다. 이는 땅에 투자를 하는 사람에게는 가장 중요한 자세이며, 이러한 마인드를 갖는 사람은 훗날을 기약할 수 있지만 그렇지 못한 사람은 얻을 것이 전무한 곳, 그곳이 바로 부동산 시장이다.

정부의 부동산 정책이 토지 투자에 미치는 영향

현 정부가 주택 시장을 강도 높게 규제하고 있는 것은 어제오늘의 일이 아니다. 벌써 24차례 부동산 대책을 발표할 만큼 주택 시장에 대한 고강도 규제가 이루어지고 있다. 이에 따라 많은 전문가들이 주식이나 수익성 부동산 쪽으로 유동자금이 몰릴 것으로 전망하고 있다. 특히 3기 신도시 토지 보상 등이 이루어지면 보상금이 다시 토지 시장으로 유입될 가능성이 높고, 정부의 주택 시장 규제로 건물로 흘러가던 뭉칫돈이 토지 시장으로 몰려들 수 있어 토지로 돈이 몰릴 수밖에 없다는 예측이 더욱 힘을 얻고 있다.

그렇다면 자금의 쏠림 현상이 토지 시장에 어떤 영향을 미칠까? 그것을 살펴보려면 우선 정부의 주택 시장 규제 정책이 부동산 시장에 어떻게 작용할 것인지 분석해 볼 필요가 있다.

정부가 주택 시장에 고강도 규제를 가하는 명분은 집값 안정화에 있다. 주택을 통한 불로소득을 절대 허용하지 않겠다는 정부의 발표는 주택 시장의 과열을 막고 양극화를 완화하겠다는 뜻을 담고 있다. 그런데 정부가 말하는 집값 안정화가 이루어지려면 구체적으로 어떤 조건이 충족되어야 할까?

필자가 생각하는 집값 안정이란 거래가 원활하게 이루어지면서 부동산 가격이 완만하게 상승하는 것이다. 하지만 정부는 강남 및 고가주택의 수요를 차단함으로써 거래 자체를 없애는 대책이 집값을 안정시키는 방법이라고 생각하는 것 같다. 2019

년 12월 16일에만 해도 빈대 잡겠다고 초가삼간을 다 태우는 격의 대책을 발표했다. 당연한 말이지만 이것은 절대 해결 방법이 되지 못한다.

상식적으로 생각해봐도 거래가 활성화되어야 취득세 등 지방세가 걷히고, 양도세 등을 통해 국세 수입이 늘어나는데 거래 자체를 없애면 그만큼 세금원은 줄어든다. 특히 15억 이상 아파트의 대출 자체를 전면금지한다는 발표는 극약처방에 가까운 정책이다. 세금도 세금이지만 이사를 다녀야 이삿짐 업체와 인테리어 회사, 중개업소 등도 돌아가는데 거래 자체를 막아버리면 돈이 돌지 못하게 되니 민생 경제도 타격을 입을 수밖에 없다.

사실 정부 정책의 가장 큰 문제점은 강남을 옥죄면 부동산 가격이 잡힐 거라고 생각한다는 점이다. 물론 모든 부동산의 가격 상승이 강남에서부터 시작하는 것은 맞다. 하지만 강남을 옥죈다고 시장이 그대로 따라갈 것인지를 생각하면 그렇게 반응할 것 같지는 않다. 강남을 옥죄면 옥죌수록 강남에서 살고 싶어 하는 심리는 더 커지기 때문이다. 그것은 강남에 별 관심이 없던 사람들마저 강남 입성을 원하게 만들 것이고, 그 결과는 정부가 의도한 방향과는 정반대로 흐르게 될 것이다. 우리는 지난 수십 년 동안 부동산 시장이 정부 정책이 의도하는 방향과는 전혀 다른 방향으로 흘러가는 것을 수도 없이 목격했고, 현 정부의 정책에서도 그런 조짐은 여지없이 나타나고 있다.

예를 들어 보유세 부분을 보면, 정부는 보유세를 올리면 집을 여러 채 가진 사람들이 집을 내놓을 거라고 생각한다. 하지만 임대인과 임차인 중 어느 쪽이 더 힘이 셀지 생각하면 보유세를 이용한 규제가 얼마나 쉽게 허물어질지 알 수 있다. 임대할 물건이 절대적으로 부족한 상태에서 보유세를 올리면 어떻게 될까? 아마도 보유세를 올린 만큼 그 부담은 고스란히 세입자에게 전가될 것이다.

현재 전통적으로 학군이 우수한 지역은 전세 물건이 그야말로 씨가 말랐다. 현장에 한 번만 가봐도 바로 알 수 있다. 이런 상태에서 보유세를 올린다면 전세 가격은 어떻게 될까? 올라간 만큼 전셋값은 폭등할 것이다. 따라서 정부의 의도와 달리 보유세 증세의 최대 피해자는 다주택자가 아닌 세입자가 되며, 이런 상황에서도 보유세를 올려 집값을 잡으려면 취득세, 양도세 등 거래세를 대폭 줄이고 공급 물량을 차고 넘치게 해야 정책의 효과가 있을 것이다. 하지만 정부는 사람들이 특히 거주하고 싶어 하는 강남과 핵심지역의 공급률을 원천봉쇄한 상태이고, 서울 시내 재개발 및 재건축도 규제하고 있어 강남과 서울 핵심 지역의 신규 공급은 점점 줄어들 것이다. 이런 상태에서는 현재 잠겨 있는 매물 149만 채가 최장 10년간 시장에 나오지 못할 것이다. 더구나 매물이 잠긴 상태에서의 보유세 증세는 전셋값을 폭등시킬 것이고, 나아가 집값 폭등으로 귀결될 것이다

그렇다면 이러한 부작용을 해결할 수 있는 근본 대책에는 어떤 것이 있을까? 필자는 수요를 억제하려면 공급 대책을 확실하게 늘려야 한다고 생각한다. 공급 대책이 없는 수요 억제책은 지금까지 그래 왔듯 가공할 만한 부작용만 양산하게 될 것이다.

그럼 처음으로 돌아가 정부의 주택 규제 정책이 토지 시장에 어떤 영향을 미칠지 살펴보겠다. 3기 신도시의 토지보상금과 주택 시장 규제로 갈 곳 잃은 유동자금이 토지 시장으로 몰려들 가능성은 매우 높다. 그렇다면 주택 시장을 규제한 것처럼 토지 시장에도 고강도 규제가 가해질까? 그럴 가능성이 전혀 없다고 장담할 수는 없지만 급작스럽게 이루어지지는 않을 것으로 보인다. 2020년부터 2040년까지 20년 동안 제5차 국토종합계획이 추진될 예정이기 때문이다. 전 국토의 균형 발전을 위한 개발 계획이 장기간에 걸쳐 추진된다면 입지가 좋은 곳은 개발 호재 및 인구 증가 현상이 나타날 것이고, 그것은 토지의 가치가 상승한다는 것을 의미한다. 즉, 풍부한 자금과 개발에 힘입어 토지 시장이 고도로 성장할 것을 예측할 수 있다.

만약 정부가 현재 주택 시장에 가하고 있는 규제 정책을 토지 시장에 그대로 적용한다면 주택 시장 규제로 인한 부작용을 다시 답습하는 결과를 가져올 것이고, 그로 인한 부작용은 상상을 초월할 것이다. 따라서 집값 안정을 위한 가장 근본적인 대책은 확실한 공급 대책이 담보된 수요 억제책이라고 할 수 있다. 제5차 국토종합계획이 장기간에 걸쳐 원만하게 추진된다면 토지 투자는 그 어떤 투자 종목보다 더 큰 수익을 가져다줄 것이다.

부동산 투자의 정석,
땅값은 계속 오른다

부동산 투자, 어떻게 시작할까?

'부동산 투자에 대해 공부해보고 싶긴 하지만……'

'발품을 팔아야 한다는데 막상 혼자 다니는 건 부담이 되고, 괜히 귀찮게 계속 전화가 올 것 같기도 하고……'

'아는 건 없지만 부동산으로 월세는 받아보고 싶고……, 아니면 장단기 투자 상품이라도 살펴보고 싶은데 등기부등본도 볼 줄 모르고……'

'경매가 무조건 싸게 사는 방법이라던데……, 아니면 역세권 부동산만 사도 좋다던데……'

이렇게 생각하고 있는 상태에서는 절대 부동산에 투자해서는 안 된다. 부동산 투자에 대한 기본개념이나 안목, 정보도 없이 무턱대고 수익형 부동산에 투자했다가는 큰 손해를 볼 수 있다. 이와 같은 상황에서 수익형 부동산에 투자했다가 현저하게 낮은 월세, 오랜 공실로 큰 손해를 보는 경우가 적지 않다. 만약 그분들이 부동산 투자에 대한 기본개념과 안목, 정보를 갖고 있었다면 적어도 손해를 보지는 않았을 것이다.

대부분의 사람들이 평생 부동산 투자에 관심만 갖고 있다가 구체적인 실현 방안을 찾지 못해 생각지 못한 실수를 하게 된다. 부동산 투자에 대한 최소한의 공부만 해도 이런 상황은 얼마든지 피할 수 있고, 더불어 부동산 부자의 길로 들어설 수 있다. 똑똑한 투자를 하기 위해서는 바로 그 최소한의 공부가 필요하다.

이 책에서는 그저 막연하고 뻔한 이야기가 아니라 실전에서만 느낄 수 있는 살아 있는 부동산 투자 노하우를 다룬다. 무조건 양만 많다고 좋은 음식이 아니라 질이 좋아야 좋은 음식인 것처럼 핵심적인 내용만을 담고 있어 땅 투자의 방향을 바로 세울 수 있게 될 것이다. 이를 통해 여러분도 '그래, 나도 할 수 있구나!'라는 깨달음과 자신감을 얻게 되리라 믿는다.

누구나 땅 투자 및 재테크로 부자가 될 수 있다. 구체적으로 말하자면 평범한 사람 누구나 땅 600평만으로도 부자가 될 수 있다.

부동산 투자라고 하면 막연히 어렵다고 생각하는 사람들이 많다. 그럼에도 불구하고 용감하게 투자를 한다. 그렇다면 왜 부동산 투자는 어렵게 느껴지는 것일까? 실수를 하면 큰 손실이 생길까 봐 그런 것일까? 물론 부동산 투자는 한번 잘못하면 자칫 복구하기 힘든 상황에 빠질 수도 있지만, 성공적인 투자는 나의 미래에 큰 힘을 주는 든든한 자산이 된다. 따라서 첫 투자는 반드시 좋은 결과를 이끌어내야만 한다. 이제 막 첫걸음을 내딛는 부동산 초보투자자들은 우선 전문가의 가이드를 접해보는 것이 좋다.

사람마다 자신의 환경에 따라 그에 적절한 땅도 제각기 다르기 마련이다. 각자 자금, 용도, 시기, 지역, 위치, 크기 등 많은 요건들을 고려해서 투자할 땅을 결정해야 한다. 상속 증여의 목적이거나, 혹은 손자 이상의 후대를 위한 가문 부흥의 목적이라면 주먹구구식 투자를 해도 상관없을 것이다.

부동산 투자를 시작하려면 중단기적인 결과를 얻고 싶은지, 혹은 은퇴 후 풍요로운 노후를 보장받고 싶은지 등 목적이나 자금 크기에 따라 방향과 로드맵을 정해야 한다. 무턱대고 자신의 감에 의존하여 투자하기보다는 믿을 만한 데이터와 전문가가 제시하는 객관적으로 손해 보지 않을 투자 방법과 정보, 그리고 판단의 기준을 연구하다 보면 수익이 되는 본인만의 부동산 투자 노하우를 터득할 수 있을 것이다. 발품 파는 법, 손품 파는 법, 조사하는 법, 응용하고 판단하는 법 등을 자신이 스스로 활용할 수 있어야 나의 상황에 딱 맞는 투자를 할 수 있다.

부동산 투자는 열심히만 하면 누구나 부자가 되는, 뜬구름 잡는 식의 재테크가 아니다. 오랜 기간 참고 기다리기만 하면 무조건 돈을 벌어다 준다는 어이없는 생각은 버려라. 현명한 판단과 정확한 데이터를 기반으로 할 때 지금 부동산 투자를 실행할 수 있는 추진력을 얻게 될 것이다.

현재의 가격이 아닌 미래의 가치를 계산하라

사람들은 보통 3년 정도 만에 토지 투자의 성과를 기대한다. 기가 막힌 일이다. 아파트를 분양받아도 2년 뒤에 입주를 해야 하는데 말이다. 더구나 토지는 그 지역이 도시화되려면 도로 공사부터 시작해야 한다. 그러면 도로 착공식을 하고 개통식을 할 때까지 2년이 걸린다. 1, 2년 간 땅값은 오른다. 하지만 세금으로 50%를 내야 하고, 3년이 지나야 일반 과세가 된다. 결론적으로 말하자면 1, 2년 안에 성과를 보려는 사람은 절대 땅을 사면 안 된다. 1, 2년 안에는 땅으로 큰 성과를 볼 수가 없으며, 땅값이 올라도 세금을 그만큼 많이 내야 한다.

필자는 수원 영통이 개발되고 이어서 망포동, 그리고 화성 병점이 택지 개발되고, 뒤이어 화성 동탄 1, 2신도시가 개발되는 과정을 모두 경험했다. 강남 땅값이 비싸다는 것은 누구나 다 알지만 대부분의 사람들이 강남 땅을 미리 사지 못했다. 그런데 수원에서 점점 개발이 진행되더니 어느덧 125만 명의 인구가 모였다. 이제는 수원에도 더 이상 개발될 땅이 없어 화성과 오산시에서 개발이 한창이다.

기업이 가면 인구가 가고, 인구가 가면 돈이 간다. 투자는 현재의 가격에 신경 쓰지 말고 미래의 가치에 신경 써야 한다. 강남의 은마아파트를 생사해보자. 은마아파트는 현대가 만든 곳인데 당시 사람들은 이렇게 말했다.

"나는 저런 집에서 못 살아. 성냥갑처럼 생겨서 답답해."

당시 분양가는 평당 100만 원에도 미치지 못했다. 그런데 현대 임원들이 그곳에 들어가고 나서 은마아파트 값이 올라가기 시작했고, 지금은 20억대까지 올랐다.

당장 눈앞의 가격을 보는 것이 아니라 미래의 가치를 보는 눈이 필요하다. 앞으로 대한민국의 발전에 따라 우리의 목표도 달라져야 한다. 토지를 살 때에는 정보가 있는 곳, 인구가 몰리는 곳을 찾아야 한다. 토지는 한정된 자원이라는 사실을 명심하자.

앞으로는 어떤 종목의 토지가 뜨고, 어떤 곳이 핵심지역이 될지 심층적으로 분석할 수 있어야 한다. 부동산은 큰 흐름에서 보면 변하지 않지만 지역에 따라, 그리고 시대의 흐름에 따라 성장하는 곳과 쇠퇴하는 곳은 변화하기 때문이다.

부동산 무사가 아직 낯설게 느껴진다면 일단 부동산의 원리와 원칙에 대해 살펴보자. 부동산에는 싸구려가 없다. 문제는 다른 것보다 상대적으로 얼마나 빠른 속도로 상승할 것이냐 하는 것이다. 바로 여기에 승부가 달려 있다. 부동산은 다른 사람이 팔 때 사고, 살 때 팔아야 한다. 부동산 투자의 경우 호황일 때보다는 불경기가 적기다. 지가 상승에는 3승 법칙이 있다. 개발 계획 시 세 배, 착공 시 세 배, 공사가 완료되면 다시 세 배가 오른다는 법칙이다.

도시 지역에서는 도심으로부터 방사선 도로와 순환 도로가 교차하는 지점이 가장 좋은 투자 지역이다. 도시에서의 접근성을 고려해야 한다는 뜻인데 여기에는 실측 거리, 시간 거리, 의식 거리 개념이 작용한다. 지역에 있어서도 연령과 영고성쇠가 있기 때문에 인근 지역의 사이클 패턴을 파악해야 한다. 가령 두 필지가 될 만한 미성숙지를 구입했다가 지가가 상승하면 반을 처분하여 건축비를 마련하는 것이 현명한 투자 방법이다. 토지 가격은 쉬었다가 뛰고, 또 쉬었다가 뛴다.

극심한 인플레이션은 부동산에 힘을 실어준다. 국민 소득이 높아지면 지가 상승은 필연적으로 이어지고, 주택난은 가속화된다. 일본에서는 개인 소득 랭킹 상위 100명 중 94명이 토지 양도차익의 소득자였다. 미국에서도 재벌의 90%가 최초에는 부동산업으로 기업의 기초를 잡았다. 한마디로 안전하고 건전한 부동산 투자는 부를 축적하는 기본적인 방법이라고 할 수 있다.

아파트만 사던 사람들은 이렇게 땅으로 돈을 버는 비법이 잘 와 닿지 않을지도 모른다. 하지만 시대가 변하면서 많은 투자 상품이 생겨나고 또 사라지고 있는데, 그 어떤 것으로도 대체할 수 없는 상품이 바로 토지다. 대부분의 부자들이 부동산을 통해 부를 축적했다. 부자는 땅에 투자를 하는 것이다. 알아서 잘 오르고, 알아서 잘 팔리는 부동산에 투자해야 한다. 소액 토지 투자는 저금리 시대의 재테크 비법으로 적극 추천할 만하다.

주택이 10배 오를 때 땅은 1,000배 오른다

왜 꼭 땅에 투자해야 할까? 그 이유는 확장성이 넓은 분야에 투자해야만 결과가 크게 도출될 수 있기 때문이다. 그래야 성장 가능성이 높고, 당연히 더 많은 수익을 기대할 수 있다. 여기서 확장성이란 무엇일까? 확장성은 시장 크기에 따른 분류를 나타낸다. 동네에서 슈퍼를 하면서 아이스크림을 판다면 그것을 사먹는 동네 사람들만 상대하게 된다. 이것을 확장성이 좁다고 정의한다. 그러나 내가 직접 아이스크림을 만들어 파는 사업을 한다면 이것은 우리나라 전체, 아니 세계를 상대로 파는 것이 된다. 이것을 확장성이 넓다고 한다.

확장성이 넓은 경우를 살펴보면 삼성전자 주식을 예로 들 수 있겠다. 삼성전자 주식은 왜 확장성이 넓다고 할까? 삼성전자 제품은 우리나라 사람들뿐만 아니라 전 세계 사람들이 산다. 삼성전자의 스마트

폰, 메모리 반도체, 가전제품 등이 전 세계로 팔려나간다. 넓은 시장에 진출하기 때문에 그것을 사줄 사람은 전 세계인이라고 할 수 있다. 만약 1990년대 중반에 삼성전자 주식을 2만 원 주고 샀다면 현재 200만 원이 넘어갔으니 100배가 오른 것이다. 1억 원어치를 샀다면 100억이 되었다는 말과 같다.

그럼 확장성이 넓은 것과 좁은 것을 구분해보자. 확장성이 넓은 것은 주식, 땅 등일 것이고 확장성이 좁은 것은 주택, 상가, 직장인이 될 것이다. 확장성이 넓은 것과 좁은 것을 구분하는 이유는 그에 따라 전략도 달라지기 때문이다. 확장성이 넓은 것은 길게 꾸준히 여유자금으로 투자해야 하고, 확장성이 좁은 것은 흐름에 따라 투자해야 한다.

그렇다면 확장성이 넓은 것에 투자할 때 길게 여유자금을 가지고 투자하기만 하면 될까? 그렇지 않다. 장기적인 미래가치를 보는 안목도 필요하다. 땅은 미래가치에 투자하는 것이기 때문에 싸고 미래가치가 있는 것을 사서 때가 되면 팔아야 한다. 종목의 특성상 확장성이 넓은 측면을 최대한 활용해야 하기 때문이다. 여기서 확장성이 넓은 측면이란 1,000배 이상 오를 수 있다는 뜻이다. 주택처럼 올라봐야 두 배, 아무리 많이 올라도 열 배를 넘지 않는 종목과 다른 측면이 있다.

앞으로 많이 오를 종목을 알고 있다고 가정해보자. 그런데 왜 길게 꾸준히 여유자금을 가지고 투자해야 할까? 그것은 언제 오를지 모르기도 하지만, 큰돈을 넣을 필요도 없기 때문이다. 땅은 바닥을 찍고 가다가 미래의 어느 날부터 급반등하는 그래프를 그리게 된다. 따라서 꾸준히 적은 돈을 모아 투자하되 절대 팔지 않는 투자를 해야 한다. 예를 들어 한 달에 10만 원씩 10년을 사는 것처럼 말이다. 물론 우리나라의 땅도 마찬가지다. 대부분이 역 L자 곡선을 그린다. 이런 방식의 투자는 외풍에 영향을 받지 않을 수 있다.

1990년대 중반에 삼성전자 주식을 샀다면 1997년에 IMF 외환위기가 터졌을 때에도 사야 하고, 2000년대 초반에 IT버블이 터졌을 때에도 사야 하고, 2008년에 금융위기가 터졌을 때에도 사야 한다. 오히려 이때가 더 싸게 살 수 있는 기회였을 것이다. 그러면 요즘 이슈가 되는 미국이 이자율을 올릴까 말까에 대해, 그리스 디폴트에 대해, 브라질 경제위기에 대해서도 초연할 수 있다. 지나고 보면 큰 위기도 별것 아닌 게 된다. 땅은 더하다. 전국의 아주 싼 땅을 사 모은다면 미국이 이자율을 올리건, 환율이 오르건 간에 신경 쓸 필요가 없다.

그렇다면 우리는 왜 100배, 1,000배 오르는 땅에 투자해야 할까? 주택에만 투자한다면 자본주의 사회에서 절대 부자가 될 수 없기 때문이다. 주택은 월세를 받을 수도 있고, 사고팔면서 수익을 올릴 수도 있다. 그러나 단점은 큰돈을 벌지 못한다는 것이다. 상식적으로 주택을 수백 채 사려면 종부세 같은 세금 문제, 세무 조사, 세입자와의 관계, 한 채당 내야 하는 거래세, 양도세 등이 발생한다. 또 현실적으로 이렇게 많이 사기도 어렵다. 한편 주식과 땅은 주택에 비해 보유세 부담이 훨씬 덜하다. 많이 사고 오래 보유해도 별 문제가 되지 않는다. 또한 한꺼번에 많이 오르기 때문에 큰돈을 벌어 부자가 될 수 있다. 실제로 한국에서 부자의 기준을 100억 원으로 본다면 주택으로 부자가 된 케이스는 아주 드물다. 대신 땅이나 주식으로 부자가 된 경우는 흔히 찾아볼 수 있다. 예를 들어 1억 원 하는 땅을 사거나 주식을 샀는데 100배가 올라서 100억 원이 된 경우는 많다는 뜻이다. 그러나 1억짜리 주택이 100억이 되는 경우는 거의 없다.

우리가 부자가 되어야 하는 이유는 우리의 평균 수명이 크게 늘어나고 있기 때문이기도 하다. 120살까지 살게 되었는데 늙어선 노동으로 돈을 벌지도 못하고, 주택으로 벌어놓은 돈을 다 까먹고 연금 몇 푼에 기대야 할 미래라면 암울할 따름이다. 그래서 필히 확장성 있는 주식과 땅을 사 모아야 한다.

토지와 아파트의 투자 소득 이익 비율

구분	대출(기간 5년 기준)	투자 소득 이익 비율
A 경우 3억 전액 APT 투자(대출 없음)	자산 대출 없음	APT⇨3억×2배⇨6억 (동일 조건 2배 기준치)
B 경우 2억 APT 투자(매수) 1억 토지 투자(대출)	1억 대출 있음 *대출 이자 4% 기준 시 ⇨연간 이자: 480만 원 ⇨5년 이자: 2,400만 원	APT⇨2억×2배⇨4억 토지⇨1억×4배⇨4억 이자 공제
C 경우 1억 APT 투자(매수) 2억 토지 투자(대출)	2억 대출 있음 *대출 이자 4% 기준 시 ⇨연간 이자: 960만 원 ⇨5년 이자: 4,300만 원	APT⇨1억×2배⇨2억 토지⇨2억×4배⇨8억 이자 공제

부동산 시장의 신호를 해석하는 방법

정부 주도하의 부동산 개발은 해당 지역에 많은 변화를 가져온다. 개발 지역에서 부동산 가격의 변동 추이를 보면 여러 단계에 걸쳐 상승 곡선을 보인다. 한 지역에서 개발의 필요성이 제기되고 여론화되기 시작하면 가격이 오르는데 정책이 입안되면 또 오르고, 착공하면 또 오르고, 완공하면 또 한 번 오르는 단계적 가격 변동을 일으킨다. 이러한 가격 변동을 거쳐서 개발 지역의 부동산 가격은 안정을 찾는다.

부동산에 대한 정부의 정책은 개인의 부에 커다란 영향을 미치는 요인이므로 정부의 정책에 늘 관심을 가져야 한다. 또한 부동산 정책은 지금까지 부동산 시장보다 후행했기 때문에 발표되는 시점에 투자 의사결정을 하면 이미 늦다. 그러므로 개인의 의사결정은 정부의 정책보다 선행되어야 하는데, 어떻게 하면 그것이 가능할 것인가?

먼저 시장은 항상 서서히 움직인다. 하지만 대부분의 사람들은 그 신호가 의미하는 것을 놓쳐버린다. 이는 개인 스스로 판단의 준거가 없거나 관심이 없기 때문이다. 시장의 신호를 판단하는 준거는 바로 사람, 돈, 정책이다. 이 세 가지야말로 부동산 시장을 움직이는 가장 큰 동력이다. 부동산 시장은 항상 신호를 보내고 있다. 개인이 뉴스나 인터넷 등을 통해 '시장의 움직임'에 대한 정보를 입수했을 때 가장 먼저 해야 할 일은 '왜?'라는 의문을 가지는 것이다. 즉, 이유가 무엇인가를 사람과 돈, 정책을 바탕으로 파악하는 것이다.

두 번째로는 '이 정보로 인해 시장은 어떻게 반응할 것인가? 직접적인 영향을 받는 지역이나 계층의 사람들은 어떤 반응을 보일 것인가? 이로 인해 정부는 어떤 정책을 가질 것인가?' 등을 예상해야 한다.

마지막으로 자신에게 미치는 영향이 이익인지, 아니면 손해인지를 판단하고 스스로 자산 관리에 대한 의사결정을 내려야 한다.

부자가 되기로 마음먹었다면 어떤 각오로 어떤 습관을 만드는지도 중요하다. 습관이 가난한 자와 부자를 결정하는 것이다. 재테크에 실패한 사람들은 자신의 잘못을 인정하는 대신 원인을 남의 탓으로 돌린다.

"그놈의 증권사 직원 때문에 손해 봤어!"

"부동산 중개업자 꼬임에 빠지는 바람에 그만……."

"투기꾼들 때문에 집값이 올라!"

남 탓을 하기 전에 자신의 판단력을 개선하려는 노력을 하는 것이 중요하다. 원인을 외부에서만 찾으면 결국 향후에도 똑같은 실패를 반복하게 될 가능성이 높다.

아리스토텔레스는 "동트기 전에 일어나면 성공한다"고 말했다. 새벽에 양재천이나 대모산에 올라가보면 기업의 CEO나 부자들, 즉 나름대로 성공의 길을 걷고 있는 사람들을 흔히 만날 수 있다. 그들이 그렇게 부지런한 것은 결코 우연이 아니다. "구슬이 서 말이라도 꿰어야 보배"라는 말도 있지 않은가. 재테크에 실패한 사람들을 보면 말로는 부자가 되겠다고 하지만 머리로만 알고 실천을 하지 않는다.

장단기적인 계획과 함께 '몇 년 안에 얼마를 벌겠다'거나 '금년에 얼마를 벌겠다' 등의 구체적인 목표를 세워볼 필요가 있다. 초점 없는 레이저빔이 장애물을 관통할 수 있을까? 아니다. 성공하는 사람들은 그만큼 확실한 의지를 가지고, 재능과 열정을 집중할 줄 안다.

물론 투자는 사람마다 그 의미가 달라질 수 있다. 어떤 사람에게는 사업일 수도 있고, 어떤 사람에게는 책이 될 수도 있다. 만약 투자하기로 마음먹었다면 계단을 오르듯 한 계단씩 계획하고 실행해야 한다. 중요한 것은 일단 시작하는 것이다. 지금 당장 실행하라! 실행할 마음의 준비가 안 되었다면 부동산 투자 공부도 하지 마라!

지혜로운 사람과 지식 있는 사람의 차이

토지 투자에서 쓴잔을 마신 사람들을 보면 대부분 편협적인 공부를 한 경우, 즉 지식에 너무 의존하여 투자한 경우가 많다. 반면 만족스러운 재미를 본 사람들은 굉장히 지혜롭다. 또 그 지혜의 끝에는 자신감이 묻어난다. 부동산은 단순한 지식이 아니라 지혜로 시작해야 한다. 지식은 상수이지만, 지혜는 변수다. 지식은 이론 공부의 다른 말이지만, 지혜는 현장 공부의 뜻을 강화한 것으로 자신감의 발로이기도 하다. 따라서 지식으로 토지 투자를 하는 것은 위험하다. 변수에 대처할 능력이 부족하기 때문이다.

지식은 학습을 통한 상식으로 종종 '묻지 마 투자'를 유도하기도 한다. 그러나 지혜는 귀찮을 정도로 물어보는 투자 형태를 고수한다. 지식은 상식선에서 머물지만, 지혜는 분석력을 동반한다. 지식은 책 속의 일방적인 전달에 의해, 지혜는 토론과 확인을 통해 쌓인다. 지식이 수직적인 모형이라면 지혜는 수평적인 모형이라고 할 수 있다.

지식에 머물러 있는 자는 과감한 투자를 하지 못한다. 자신이 없으니 당연히 투자 전선에 뛰어들기 쉽지 않을 수밖에 없다. 반면 지혜가 있는 자는 현명한 방법으로 움직인다. 지식은 생각에 머무는 성격을 지니지만, 지혜는 실천하게 만드는 에너지를 겸비한다. 그래서 부동산 지식만으로는 판단력과 변별력의 효과를 기대할 수 없다. 반면 지혜는 판단력과 결단력의 보고다.

부동산의 지식과 지혜를 자동차 운전에 비유하자면 시야 확보의 크기와 깊이에서 차이점이 발견된다. 지식을 가진 자는 앞만 주시하지만, 지혜를 가진 자는 좌우를 입체적으로 살핀다. 시야 확보를 자유자재로 해놓은 상태에서 운전을 하고, 안전거리 확보(투자 기간)도 잘해 사고(리스크)를 많이 줄일 수 있다.

뉴스를 보더라도 정보를 단편적으로 받아들이는 것이 아니라 그 정보를 활용하여 어떻게 돈을 불리고 지킬지 꼭꼭 씹어 소화시킬 수 있어야 한다. 특히 9시 뉴스 마지막 단신 기사를 눈여겨봐야 한다. 돈의 흐름을 좌우하는 데 가장 영향력을 끼치는 것이 정부의 정책이다. 정부가 돈의 흐름에 어떠한 영향력을 발휘하는지 그 방향을 알아야 한다. 그 정부 정책에 대한 신문의 분석 기사, 시장 상황의 변화에 대한 신문 기사의 경향을 주시하면 시장의 반응을 파악할 수 있다.

광고 또한 훌륭한 정보가 된다. 이때 단순 광고와 정보가 되는 광고를 구분하여 이해해야 한다. 단순히 사실만 보는 것이 아니라 그 이면을 들여다보고 지혜로운 판단을 해야 투자에서도 실패하지 않는다.

부동산의 특징은 시시각각으로 변화가 잦다는 것이다. 100% 인위적이고 인공적이며, 이용 방식에 따라 용도가 변환되기도 한다. 그런데 지식만 가진 사람은 적용이나 적응을 쉽게 할 수가 없다. 변화에 능동적으로 대처할 수 있는 자는 지혜로운 자다.

부동산은 시간이 흐르면서 공간이 변환되는데 용적률과 건폐율의 성적이 방향을 잡는 나침판 역할을 한다. 땅은 일생의 3분의 2 이상을 잠으로 보낸다. 그만큼 잠재력이 크다고 할 수 있고, 놀고 있는 휴한지가 많다는 의미도 된다. 땅의 재충전 시간을 잠자는 시간으로 봤을 때 그것은 잠재력이라고 말할 수 있다. 잠재력을 가진 땅을 시기적절하고 현명하게 깨우는 자가 결과적으로 가장 지혜로운 자다.

쌈짓돈으로
토지에 투자하라

부동산 투자는 최고의 돈 관리 방법이다. 어려울 때 진정한 친구가 되어주며, 또한 최고의 보상을 위한 보험이기도 하다. 부동산 투자가 3대의 부를 보장한다는 말도 있다. 가전제품의 선택은 10년을 좌우하고, 결혼의 선택은 30년을 좌우하며, 토지의 선택은 3대가 먹고사는 데 지장이 없게 해준다.

물론 부동산에도 투자의 기준이 필요하다. 이제부터 무엇을 살펴보고 어떻게 투자해야 할지 몇 가지 방법을 살펴보자.

첫째, 국책사업으로 개발되는 지역에 투자해야 한다. 개발 예정 지역이 아니라 확정 지역으로, 특히 신규도로 확장 등 신설 예정인 도로 주변이나 신도시가 예정된, 혹은 건설되는 지역을 추천한다. 땅값의 움직임을 가장 먼저 느끼는 곳은 도로망이 형성된 땅이다. 접근이 쉬워야 거래가 쉽고 가격 오름세도 크다. 국토나 지방 도로변의 임야나 토지, 대규모 레저 휴양지 및 관광 지역도 투자하기에 좋은 땅이다.

둘째, 정확한 정보를 통해 수익성 여부를 확인한 후 투자해야 한다. 정확한 정보를 믿지 않고 떠도는 소문으로 판단했다가는 큰 코 다친다. 정부의 개발 의지가 강한 곳이 맞는지 확인하는 것은 물론, 현장 답사도 필히 해야 한다. 땅은 등기부등본과 달리 권리, 이용 모양새가 다를 수 있다. 특히 고도가 높은 임야나 하천 옆 부지는 더욱 조심해야 한다.

셋째, 시대의 흐름을 타는 지역과 변화하는 지역을 파악하여 투자해야 한다. 땅값은 단계적으로 오른다. 개발 구상 시기에 소문이 돌면서 서서히 오르기 시작하고, 발표 이후 급등한다. 판교, 파주 주변의 움직임을 보면 개발 단계마다 땅값이 계단식으로 올랐음을 알 수 있다. 판단은 물론 정확한 타이밍도 중요하다.

넷째, 도넛 효과를 노려라. 개발 중심지보다는 주변 지역의 땅값 상승률이 크다. 중심지는 수용 등의 조치가 따르는 반면, 주변 지역은 거래 가격이 노출되지 않고 상대적으로 땅값이 싸기 때문에 장기적으로 높은 투자 수익률이 기대된다. 그 외에도 '용도가 바뀌는 곳', '총선 및 대선 1년 전'에 투자하는 것도 요령이다.

앞서 말했듯이 부동산은 다른 사람이 팔 때 사고, 살 때 팔아야 한다. 부동산 투자 시기는 호황일 때보다 불경기가 적기다. 다만 장차 다른 것보다 상대적으로 얼마나 빠른 속도로 성장할 것이냐에 승부가 달려 있다. 국민 소득이 높아지면 지가 상승은 필연적으로 따르고, 주택 가격은 상승할 것이다. 극심한 인플레이션에는 부동산 투자가 가장 좋은 답이다.

무엇보다 중요한 것은 분수에 맞게 투자해야 한다는 것이다. 욕심이 앞선 나머지 덩치 큰 곳에 투자했다가 자금 동원 길이 막히면 체하기 십상이다. 지나친 수익률을 기대하다가 시기를 놓칠 수도 있으므로 규제에 묶이거나 수용 조치가 따르기 전에 적당한 시기에 털고 나오는 전략도 필요하다. 잘 파는 것도 지혜다.

♀ 눈 감고 묻어둔 땅이 효자 노릇한다

20여 년 전 화성시(당시 화성군)의 병점 자리에 투자를 한 A씨! 주변 사람들은 병점리의 땅을 보고 '이 벌판에 뭐가 들어서겠느냐'고 만류하며 반정리 땅을 적극 추천했다. 하지만 그는 당시 허허벌판이던 병점리의 토지 400평을 법인 부동산에서 평당 22만 원에 분양받았다. 그의 판단은 옳았다. 지금은 그 주변 땅값이 평당 300~400만 원으로 껑충 뛰었다.

이게 웬일! A씨의 땅은 운까지 따라주었다. 그 땅 앞에 수도권 전철 병점역이 들어서자 그곳은 서울의 웬만큼 비싼 땅보다 값이 올라 졸지에 평당 2천만 원에 달하게 되었다. 2천만 원씩 400평! 8,800만 원에 매입한 땅이 현재 무려 80억이 된 것이다! 평범하던 A씨는 졸지에 부자가 되어 빌딩도 짓고 상가도 세우며 인생을 즐기고 있다.

흔히 '땅은 귀중한 아내의 보석처럼, 가보처럼 소문내지 말고 자랑도 하지 말라'고 한다. 땅으로 무엇을 할까 자꾸 궁리하지 않아도 땅은 썩지 않으니 그대로 있다가 저절로 때를 맞이하기 때문이다.

A씨의 사례도 결코 남의 일만은 아니다. 그 정도까지의 부는 아니더라도 열 배 정도 재산을 늘릴 수는 있다. 여유자금으로 개발지 일대의 토지를 매입하는 방법은 그리 어렵지 않다. 그래도 투자가 위험하다고 생각한다면 발상을 전환해보자. 투자가 위험한 것이 아니라 어쩌면 투자하지 않는 것이 더 위험할지도 모른다. 부자는 태어나는 것이 아니라 만들어지는 것이다. 나의 노후는 자식도, 남편도, 형제도 책임져주지 않는다.

토지는 10년이면 약 열 배 이상이 뛴다. 심지어 정동진의 경우 100배 이상 상승했다. 물론 이를 잘 활용하기 위해서는 우선 정부에서 실시하는 국토개발계획을 잘 들여다보는 안목이 필요하다. 기회를 계속해서 찾고 발견하려고 노력해야 한다. 바보는 운이 와도 잡을 줄 모르고, 운이 나쁜 사람은 기회가 왔는지도 모른다.

사소한 푼돈을 아낄지언정 투자는 과감하게, 또 조금 더 일찍 하는 것이 좋다. 땅은 어려울 때 재기의 발판이 되지만, 돈이 있을 때 땅을 사두지 않은 사람은 잘못되면 그대로 끝이다. 땅은 5년 가지고 있으면 인삼이요, 10년 이상 소유하면 산삼이 된다. 대를 이어가며 잘사는 부자들이 계속해서 땅을 사 모으는 데에는 다 이유가 있는 것이다. 땅은 오래 가지고 있으면 주인에게 물심양면으로 도움을 주며, 도망가는 법도 없고 줄어드는 법도 없다.

📍 종잣돈 '5천만 원'으로 10억 부자 된 주부

1989년부터 1, 2단계로 구분하여 추진된 당진항 개발 2단계 사업이 마무리됨에 따라 당진항은 서해안권 중심항으로 발돋움할 기회를 맞았다. 2011년 7월 22일에 준공식을 한 당진항(법정명 평택 당진항)은 2단계 사업이 준공됨에 따라 접안시설 12.2km(53선석), 하역능력 9,099만 톤(년)을 갖춘 서해안권 물류 중심항으로 위상을 갖추게 될 전망이다. 이를 위해 지금까지 총 3조 1,296억 원(재정 1조 5,771억 원, 민자 1조 5,525억 원)이 투입됐고, 앞으로도 배후단지 조성 등 지속적인 투자가 이루어질 계획이다.

당진항 2단계 사업 준공으로 그동안 당진 지역 항만의 취약 요인으로 지적돼오던 잡화 부두가 건설, 배후단지 기업의 물류비 절감은 물론 지역 경제 발전에도 크게 기여할 것으로 보인다. 충청남도 당진항을 서해안 물류 중심 항만으로 육성하기 위해 도 차원에서 항만발전종합계획을 수립 중에 있으며, 전국 제3차 항만기본계획과 연계해 신평-내항 간 연육교 건설 등 당진항 현안사항을 지속적으로 추진할 계획이다. 특히 당진읍은 2012년 1월 당진시로 승격 확정됨에 따라 당진마을은 당진시가 되었다.

"여보! 세상에, 말이 돼? 그 돈이 어떤 돈인데, 정신 나갔어."

한보철강이 무너진 당진 시골 땅에 5천만 원을 투자했다는 소리를 듣고 남편은 아내에게 '세상에' 말이 되느냐며 큰소리를 쳤다. 동사무소에 근무하는 남편으로서는 당진 시골 땅을 사들인다는 것이 도통 이해되지 않았다.

결혼 후 10년 동안 남편은 승용차도 없이 대중교통을 이용했고 아내는 한 푼, 두 푼 모아 10년 동안 종잣돈 5천만 원을 만들었다. 남편은 그 돈으로 소형 승용차를 사고, 주공아파트 내부 수리를 할 예정이었다. 그러나 아내는 5천만 원을 투자하기 위해 동네 공인중개사무소를 방문하고 평택, 천안, 당진 등 많은 지역의 땅을 찾아다니며 발품을 팔았다. 그 시절 평택, 천안, 당진 땅들은 산업단지 여파로 꿈틀거리고 있던 상태였다.

시골 땅의 허허벌판 밭을 보면 대책이 없었지만, 아내는 미래를 보고 투자하기로 마음을 먹었다. 한 달 만에 드디어 맘에 드는 땅을 찾았으나 종잣돈 5천만 원으로 매수하기에는 턱없이 부족했다. 총 평수 1,200평이 평당 10만 원으로 총 1억 2천만 원, 결국 땅을 매수하지 못하고 집으로 돌아왔다.

다음 날까지 그 당진 땅은 뇌리에 박혀 있었다. 땅을 보는 순간 내 땅이라는 생각이 머릿속을 떠나지 않았던 것이다. 아내는 결국 늦은 오후 공인중개사를 만나 당진으로 향했다. 그리고 땅 주인 농부를 만나 협상에 들어갔다. "남편이 동사무소에 근무하면서 받은 봉급을 10년 동안 모은 종잣돈인데, 선생님 땅 500평만 분할해주세요"라고 부탁을 했다. 농사짓던 농부는 주부의 애절한 마음을 이해하고 자신의 땅 500평을 분할하여 평당 10만 원에 매도해주었다. 현재 그 땅은 100만 원 이상으로 매도 가능해 열 배 이상의 수익을 보았다.

한국 부동산 시장의 시작

조선총독부가 식민지 조선을 수탈하기 위해 제정한 1912년 토지조사사업과 1918년 임야조사사업을 통해 처음으로 토지의 배타적 소유권이 형성되어 토지가 상품화되었고, 지번제가 실시됨에 따라 소유권의 명확화가 이루어졌다.

1917년 한강인도교(현 한강대교) 건설은 약 30만 명이 살고 있던 서울에 사람들이 본격적으로 모여들기 시작한 단초가 되었다. 1910년 서울의 인구는 28만여 명이었으나, 100여 년이 지난 2010년 8월에는 1,019만여 명으로 36.4배가 늘었고, 서울을 포함한 수도권의 인구는 1920년 178만 명에서 2015년 8월에는 2,600만여 명으로 14.6배가 늘었다. 현재 수도권에는 우리나라 총 인구 5,182만 1,669명 중 절반 이상인 52%가 살고 있다.

인구의 급격한 증가로 인해 서울은 시간이 갈수록 사람들이 이용할 수 있는 부동산이 부족해졌다. 이를 보충하기 위해 동서남북으로 확대되어 주변 도시로 연결되었으며, 토지의 이용도는 갈수록 높아졌다. 현재 서울과 수도권 곳곳에는 빌딩과 아파트의 마천루가 즐비해 있으며, 부동산 가격 역시 쉬지 않고 올라 개인 자산에서 가장 커다란 부분을 차지하고 있다.

부동산 투자의 3대 요소

- 사람
- 돈
- 정책(개발 이슈)

사람과 돈이 몰리는 지역인 동시에, 정책이 있는 곳에 투자해야 성공할 수 있다. 도시화가 5.8% 진행되고 있으며, 향후 5.2% 진행할 곳을 찾아서 투자를 해야 한다.

재테크의 3대 원칙

- 수익성
- 안전성
- 환금성(유동성)

수익성은 얼마만큼의 이익이 나는가 하는 것이다. 보다 나은 미래의 소득을 얻기 위해 따져보아야 하는 부분이다. 투자 대상이 얼마나 많은 이익을 가져다줄 수 있는지 살펴보는 것은 재테크의 출발이다. 안전성은 얼마나 안전한가, 즉 원금이나 이자를 떼일 염려는 없는가 하는 것이다. 아무리 수익이 많이 날 것으로 기대된다 하더라도 투자 원금이 손상될 가능성이 큰 투자는 바람직한 투자가 아니다. 유동성, 즉 환금성이란 필요시 언제든지 쉽게 현금화할 수 있는 투자 대상을 찾아야 한다는 것이다.

개발 흐름 보고 돈이 흐르는 길 찾기

1기 신도시의 부동산은 돈이 되었다. 과거에는 부동산이 돈이 되는지 사람들이 잘 몰랐다. 그래서 분당 땅을 사라고 해도, 평촌 아파트를 분양받으라고 해도 믿지 않았다. 하지만 지금은 그게 다 돈이 되었다. 15년 동안 그곳의 집값은 2.5배가 올랐다.

앞으로는 어떻게 될까? 3기 신도시라는 개념은 없다. 지금은 5만 평에서 10만 평씩 택지, 주거단지, 지구 단위 식으로 만들어진다. 과거에는 주택이 부족해서 넓은 평수에 도시를 만들었지만, 지금은 이미 주택 보급률이 106%를 넘었기 때문에 필요에 의해 조금씩 만드는 것이다. 그래서 서산 같은 경우에는 장동에 3만 7천 평으로 20개 동을 짓고 있다. 이런 흐름을 전체적으로 이해하면 부동산 투자가 어렵지 않다.

부동산에서 돈이 흐르는 길을 찾아야 한다. 필자 역시 과거에는 돈이 어디로 흐르는지 몰랐으나 꾸준히 연구하다 보니 그 흐름을 볼 수 있게 되었다. 돈이 흐르는 길을 알면 길목에 지키고 서 있다가 돈을 잡으면 된다. 다만 돈은 뒤따라가면 멀리 도망가 버리므로 앞서 가서 지키고 서 있어야 한다.

황금의 5가지 법칙

황금은 어느 날 갑자기 운처럼 굴러들어오는 것이 아니다. 황금은 준비된 자에게 찾아오며, 막연히 꿈만 꾸고 움직이지 않는 자에게는 결코 쥐어지지 않는다. 황금이 움직이는 법칙 5가지를 살펴보자.

- 수입의 10% 이상을 꾸준히 저축하는 사람에게는 황금이 기꺼이 찾아올 것이며, 곧 그와 그 가족의 행복한 미래를 보장해주는 커다란 재산으로 불어날 것이다.
- 황금을 안전한 곳에 투자할 때 황금은 꾸준히 늘어나고, 나중에는 들판의 양 떼처럼 급속히 늘어날 것이다.
- 지혜와 경험을 갖춘 사람의 조언을 받아 황금을 투자하는 신중한 사람만이 황금을 지킬 수 있을 것이다.
- 본인이 잘 알지 못하는 분야나 경험 있는 사람이 추천하지 않는 분야에 투자하는 사람은 황금을 지킬 수 없을 것이다.
- 일확천금을 꿈꾸거나 사기꾼의 달콤한 감언이설을 쫓고 있거나, 자신의 미숙함을 깨닫지 못한 채 덧없는 욕망에 사로잡힌 사람은 결코 황금을 손에 쥘 수 없을 것이다.

PART 5

반드시 알아야 할
땅에 관한 팩트 체크

고난도의 땅 투자, 안목부터 길러라

집을 장만하고 나면 사람들은 또 다른 재테크 수단으로 토지를 찾게 된다. 하지만 토지를 사는 것은 집이나 상가를 사는 것보다 훨씬 어렵다. 토지는 부동산 상품 중에서 가장 고가이자 가장 수준 높은 지식이 필요한 고난도 상품이라고 할 수 있다. 따라서 좋은 토지를 사기 위해 따져봐야 할 조건들은 집이나 상가를 살 때보다 더 많을 수밖에 없다.

사실 토지를 사는 절차 자체는 다른 부동산의 경우와 크게 다르지 않다. 다만 좋은 투자 지역을 고르는 것이 문제다. 집이나 상가는 자신이 잘 아는 지역을 골라서 여러 번 둘러볼 수 있고, 다른 건물과 비교도 쉽게 할 수 있다. 대부분 자기 생활의 근거지를 중심으로 투자하기 때문이다. 반면 토지는 한번 둘러보는 것만도 큰맘을 먹어야 한다. 대부분 도시를 벗어나야 상대적으로 적은 돈으로 수익이 날 만한 땅을 살 수 있기 때문이다. 또 초보투자자 눈에는 그 땅이 그 땅처럼 보여 다른 토지와 비교하는 것 자체도 쉽지가 않다. 게다가 덩어리가 큰 토지를 둘러보다 보면 몇 개 보지 못하고 지치기 쉽다. 그래서 좋은 땅을 보는 안목을 키우려면 집이나 상가보다 많은 노력과 시간이 필요한 것이다.

자, 노력과 시간을 들일 마음의 준비가 됐다면 토지 투자에 대해 더 자세히 알아보도록 하자. 이제부터 좋은 토지를 구하는 절차를 간략하게 소개해보겠다.

📍 대출만 믿고 투자했다가는 낭패 보기 십상이다

우선 내가 토지를 살 수 있는 돈을 정확히 얼마나 가지고 있는지 알아야 한다. 토지를 살 때 사람들은 주로 대도시 근처 시골의 밭(전)이나 논(답)을 고른다. 대도시 안에 있는 토지처럼 투자성이 있으면서도 가격은 저렴하기 때문이다.

그럼 시골에 있는 밭과 논을 가지고 얼마나 많은 대출을 받을 수 있을까? 대출을 많이 받을 수만 있다면 적은 돈을 가지고도 얼마든지 밭과 논을 살 수 있을 텐데 말이다. 하지만 시골에 있는 논밭은 대도시 안에 있는 토지에 비해서 가치가 떨어지고 가격이 저렴한지라 대출을 많이 받기가 어렵다. 그래서 토지를 살 때에는 자신이 지금 가지고 있는 돈만으로 산다고 생각해야 한다. 또 그 돈이 얼마인지도 정확히 알고 있어야 한다. 다음과 같이 성확한 대출 한도를 파악하지 못한 채 대출만 믿고 있다가 낭패를 본 사례도 실제로 적지 않다.

평소 땅을 무척 갖고 싶어 하던 B씨는 양평에 있는 밭 약 165㎡(약 50평)를 2억 원(제곱미터당 약 12만 원=평당 약 40만 원)에 계약했다. 그런데 B씨가 가진 돈은 6천만 원이 전부였다. B씨는 자신이 산 밭값의 70%는 대출을 받을 수 있을 거라고 생각하고 별 걱정을 하지 않았다. 그러나 실제로 B씨가 대출을 받을 수 있는 금액은 밭값의 70%인 1억 4천만 원이 아니라 개별 공시지가의 70%인 1억 원에 불과했다. 결국 B씨는 부족한 4천만 원을 구하기 위해 다른 일은 다 제쳐두고 발바닥에 땀이 나도록 이리저리 뛰어다녀야만 했다.

토지는 지목이 임야냐, 농지냐, 대지냐에 따라 대출 한도가 다르다. 금융권의 대출 광고나 안내문 등에서는 임야의 경우 70%까지, 농지의 경우에는 80%까지 대출이 가능하다고 한다. 하지만 실제로 제1금융권의 경우 해당 토지를 자체적으로 감정하여 감정 가격의 70~80%까지만 대출을 해준다. 그러므로 시세의 70~80%까지 대출을 받을 수 있다고 생각해서는 안 된다. 다시 말해 대출 한도는 높으나 실제로 대출을 받을 수 있는 액수는 생각보다 상당히 적을 수 있다는 점을 미리 감안해야 한다.

♀ 방향을 분명히 설정하라

자본이 있다고 해서 아무 땅이나 살 수는 없다. 그렇다고 남들이 좋은 땅이라고 하는 땅이 무조건 좋은 것도 아니다. 땅 초보투자자라면 내가 어떤 토지를 왜 사야 하는가에 대한 방향을 분명히 설정해야 나에게 맞는 땅을 살 수 있다.

토지에 투자할 때에는 얼마에 사서 나중에 팔 때 얼마를 남기겠다는 생각보다는 '어떤 용도로 사용할 것인가' 하는 목적을 먼저 정하는 것이 중요하다. 토지를 사서 농가주택을 짓고 농사지으며 살고 싶다면 해당 농지와 가까우면서도 건축 행위가 가능한 토지를 사야 하고, 주말농장을 하고 싶다면 교통 접근성이 좋고 주변에 계곡도 있는 토지를 사야 한다. 또한 전원주택을 지어서 살고 싶다면 도로망이나 집의 방향, 전망 등이 좋은 토지를 사야 할 것이다. 혹은 내가 어떻게 쓰기보다 땅의 가치를 높여 시세차익을 얻은 뒤 되파는 것이 목적이라면 다양한 용도로 개발이 가능해 활용도가 높은 토지를 사야 한다.

그런 다음에는 투자 기간을 중단기(5~8년)로 할 것인지, 아니면 중장기(8~10년)로 할 것인지 정해야 한다. 이 땅을 얼마나 가지고 있을 것인지, 투자 기간에 따라서 사야 하는 토지의 종류도 달라지기 때문이다.

만약 중단기로 투자하고자 한다면 도시에서 가깝고 도로변에 붙어 있는 3,300㎡(약 1천 평) 정도의 그리 넓지 않은 토지가 좋다. 그래야 나중에 팔기 위해 내놓아도 금방 임자가 나타나 바로 시세차익을 볼 수 있기 때문이다. 만약 중장기로 투자할 계획이라면 장기적인 개발 가능성을 보고 더 싸고 넓은 토지를 사놓는 것이 좋다.

중단기든 중장기든, 토지에 투자할 때에는 반드시 여윳돈을 가지고 있어야 한다. 그러지 않을 경우 급하게 돈 쓸 일이 생기면 아직 가격이 오르지 않은 토지를 손해 보고 팔게 될 수도 있기 때문이다. 특히 초보 투자자들은 "1~2년만 지나면 가격이 두세 배 오른다"라는 말만 믿고 토지를 사서 손해를 보는 경우가 많다. 단언하건대 그런 토지는 없다고 보면 된다.

땅 초보투자자들이 손해를 보는 진짜 이유는 두세 배의 시세차익을 볼 수 있다는 말을 믿어서가 아니라 '1~2년 안에' 시세차익을 볼 수 있다는 말을 믿기 때문이다. 즉, 여윳돈이 아니라 1~2년 후에 반드시 써야 할 돈으로 투자하기 때문에 결국 손해를 볼 수밖에 없는 것이다. 땅 덩어리가 좁은 우리나라의 경우 토지는 시간이 지나면 오르게 되어 있다. 그러나 장기적으로 봤을 때 그렇다는 것이지, 1년 아니면 2년 후에 팝콘 튀겨지듯이 갑자기 토지 가격이 두세 배로 오른다는 뜻은 아니다. 토지 투자는 무조건 여윳돈으로 적어도 5년 이상 내다보고 하는 것이 좋다.

토지에 처음 투자하는 사람이라면 처음부터 대박을 꿈꾸며 많은 돈을 투자하기보다는 5천만 원 정도로 소액 투자를 먼저 해보자. 또한 장기적으로 개발 가능성이 있는 토지가 좋은 토지임에는 분명하나, 초보 투자자라면 좀 비싸더라도 내놓으면 금방 팔릴 수 있는 토지를 사는 것이 좋다. 이렇게 가격 면에서나 면적 면에서 규모가 작아 바로 팔리는 토지를 두세 번 사고팔다 보면 조금씩 자신감이 생긴다. 그때 가서 장기적으로 개발 이익을 볼 수 있는 토지에 투자하면 된다.

📍 가치가 높고 가격은 저렴한 땅 고르는 비법

토지를 사려는 사람들에게 인기가 높은 것은 뭐니 뭐니 해도 수도권 지역의 도시 지역 내 녹지 지역, 비도시 지역의 관리 지역에 있는 밭(전)과 논(답), 임야(산)다. 그중에서도 입지가 좋은 도시 용지로 개발 압력을 받는 밭과 논, 임야를 사야 돈을 벌 수 있다.

밭과 논, 임야는 집에 비해 쉽게 팔리지 않는다. 환금성이 떨어지는 것이다. 집은 사람이 살아가는 데 필수요건인 의식주에 포함되는 만큼 찾는 사람이 많은 반면, 밭과 논, 임야는 집을 가진 사람이 여유자금으로 사는 것이다 보니 찾는 사람이 그만큼 적다. 그러므로 밭과 논을 살 때에는 찾는 사람이 많아 비교적 쉽게 팔 수 있는 땅, 그리고 더 비싼 가격에 팔 수 있는 땅을 골라야 한다.

그렇다면 어떤 밭과 논이 쉽게, 또 비싸게 팔 수 있는 땅일까? 먼저 대도시에서 40km 이내에 있는 밭과 논이 좋다. 도시 인근의 논밭은 주 5일 근무나 전원주택의 수요로 인해 미래에 주거 지역이 될 가능성이 높기 때문이다. 특히 1~2억 원대로 쪼개서 팔 수 있는 밭과 논이 거래가 가장 잘된다. 만약 밭과 논을 큰 덩어리로 한 지역에 몰아서 사놓을 경우 나중에 해당 지역이 토지거래허가구역으로 묶이게 되면 해당 밭이나 논을 팔기가 어려워진다. 그러므로 가능하면 소액으로 여러 지역의 밭과 논, 임야를 사놓는 것이 좋다. 그러면 설사 한 곳이 토지거래허가구역으로 묶이더라도 돈이 필요할 때 다른 곳의 밭과 논을 쉽게 팔수 있다. 다시 말하면 달걀을 한 바구니에 담지 말라는 뜻이다.

폭이 적어도 4m 이상 되는 도로에 붙어 있어야 건축이 가능하므로될 수 있으면 넓은 도로에 붙어 있는 밭과 논을 사는 것이 좋다. 면적이 좁다든지, 경사가 졌다든지 등의 이유로 다른 용도로 사용할 수밖에 없는 밭과 논이 좋다. 물론 경사가 너무 가파른 경우에는 건물을 지을 수 없으므로, 토지에 건물을 짓는 것이 목적인 경우에는 해당 토지를 관할하는 시·군·구청의 건축과 등에 건축이 가능한지 여부를 반드시 물어봐야 한다. 토지이용계획확인서도 꼭 확인해보자. 그렇지 않으면 다음과 같이 가슴 철렁하는 일을 겪을 수 있다.

O씨는 전원주택을 지으려고 연천군에 있는 밭을 보러 다니던 중 옆에 계곡이 있고, 앞에는 도로가 있는 밭을 보게 되었다. 밭 주변에는 국가 소유의 산(국유림)이 있어 필요할 때 언제든지 허가를 받아 이용할수 있을 것처럼 보였다. O씨는 그 밭이 무척 마음에 들어 다음 날 계약을 하기로 했다. 그런데 그날 오후 우연히 아는 중개업자를 만나 그 밭에 대해 이야기를 하던 중 "좋은 땅 같네요. 하지만 혹시 모르니 계약하기 전에 군청에 가서 나중에 그 밭에 집을 지을 수 있는 한번 확인해보세요"라는 말을 들었다. O씨는 돌다리도 두들겨보고 건넌다는 심정으

로 다음 날 계약하기 전에 군청에 가서 담당 공무원에게 그 밭에 집을 지을 수 있는지 물어보았다. 그러자 담당 공무원이 이렇게 대답했다.

"밭 앞에 있는 도로가 산에서 베어낸 나무를 실어 나르는 임도라서 이곳에는 집을 지을 수 없습니다."

O씨는 잘못했으면 쓸모없는 밭을 살 뻔했다는 생각에 가슴을 쓸어내려야 했다.

마지막으로 최소 5년, 길게는 10년 정도 중장기적으로 보고 밭과 논을 사야 한다. 농지에 따라 차이가 있을 수 있으나, 오래 가지고 있을수록 가격 상승의 폭이 크고 세금 혜택도 볼 수 있기 때문이다.

투자 목적을
분명히 정하라

토지를 구입하기 전에 목적을 분명하게 정하는 것이 무엇보다 중요하다. 건축이나 농사가 목적이라면 반드시 필지를 사야 한다. 이 경우에는 일반 부동산을 통해 공인중개사의 도움을 받아야 한다.

토지를 구입하는 목적이 집이나 건물의 건축이라면 건물이 들어설 수 있는 토지를 필지로 고르는 것이 최고다. 농사를 목적으로 할 때에도 지목이 전, 답, 과수원인 농지를 필지로 사야 한다. 건물을 지을 수 있다는 말은 일반적으로 생각하는 '개발 행위'가 가능하다는 뜻이고, 그런 땅은 당연히 투자 가치보다는 사용 목적에 맞는 토지를 고르는 것이 중요하다. 하지만 모든 땅에 건물이 들어설 수 있는 것은 아니다. 반드시 지자체 행정관청에 개발 행위 허가에 대하여 문의한 후 구입을 결정해야 한다.

만약 토지를 구입하는 목적이 건축이나 경작을 위한 것이 아니고 순수한 투자 목적이라면 반드시 필지를 고집할 필요는 없다. 오히려 투자 목적이라면 공유 지분이라도 무방하다. 목적을 분명하게 정하고 공유 지분에 대해 이해한 후 토지를 구입해야 문제가 생기지 않는다.

우리 민법에서는 공동 소유에 대하여 법률로 규정하고 있다. 민법 262조에는 물건의 공유에 대하여 규정해놓았다. 그리고 민법 263에는 공유 지분에 대한 처분과 공유물의 사용, 수익에 대하여, 민법 264조에는 공유물의 처분, 변경에 대하여 법률로 정해놓았다.

제262조(물건의 공유) ①물건이 지분에 의하여 수인의 소유로 된 때에는 공유로 한다. ②공유자의 지분은 균등한 것으로 추정한다.

제263조(공유 지분의 처분과 공유물의 사용, 수익) 공유자는 그 지분을 처분할 수 있고 공유물 전부를 지분의 비율로 사용, 수익할 수 있다.

제264조(공유물의 처분, 변경) 공유자는 다른 공유자의 동의없이 공유물을 처분하거나 변경하지 못한다.

공동 소유는 공유, 합유, 총유로 구분할 수 있는데 일반적으로 순수 투자 목적이라면 공유 지분으로 하는 것이 가장 정확하고 문제가 없으며, 합유지분처럼 나의 지분을 따로 처분할 수 없고 전원의 동의에 의해서만 처분할 수 있기 때문에 투자 방법으로는 분쟁의 소지가 많다.

하지만 부부공동 소유처럼 아파트나 주택의 경우에는 합유지분의 경우가 세금 측면에서는 유리할 수도 있다. 마지막으로 총유의 경우는 개인의 지분을 허용하지 않는다. 종교단체의 경우나 종중, 동창회 등 사원총회의 결의에 의하여 사용, 수익, 처분을 결정하게 된다.

토지를 구입할 때 반드시 목적을 분명하게 정하지 않으면 안 된다. 목적을 분명하게 정해야 개인 소유와 공동 소유를 구분하여 상황에 맞는 선택을 할 수 있기 때문이다.

요즘 트렌드가 개인 소유보다는 공유오피스, 지식산업센터, 공유자동차, 아파트, 오피스텔 등 대부분 토지에 대하여는 공유 지분으로 사용, 수익, 처분을 할 수 있는 상품들이 늘어나는 추세다. 특히 토지의 경우 과거에는 실수요 개념의 수요가 많았지만 요즘은 실수요보다는 주식처럼 미래가치를 보고 입지가 좋은 토지를 골라 공유 지분으로 투자를 하는 사람들이 많아졌다. 큰돈을 가져야만 토지를 샀던 예전과는 달리 개발 호재가 풍부하고 입지가 좋은 미래가치를 보고 적은 금액으로도 토지를 주식처럼 살 수 있다. 하지만 실수요로 구입하는 아파트, 상가, 건물, 건축할 토지, 경작토지들은 일반 부동산(1층 부동산)에서 공인중개사의 조언과 도움을 받는 것을 절대적으로 추천한다.

순수 투자를 목적으로 한다면 자산을 포트폴리오로 컨설팅해줄 수 있는 전문가를 만나야 한다. 부동산 투자, 특히 토지 투자는 경제의 흐름을 파악하고 정부 정책을 분석하여 미래에 인구가 모이고 SOC사업이 집중되고 있는 산업단지, 관광단지 그리고 일자리가 늘어나는 곳을 찾아서 현재의 상황보다는 미래에 입지가 좋아질 곳을 찾는 안목을 가진 전문가를 만나는 것이 가장 중요하다. 목적이 분명하고 내 집 마련이 끝난 30~40대 직장인이라면 소액으로 토지문서를 늘려가는 것을 적극 추천한다.

땅의 종류만은 반드시 숙지하자

지목은 가장 기초적인 땅의 분류 방법이라고 볼 수 있다. 그렇다면 지목과 용도 지역의 차이점은 무엇일까?

우선 지목은 현재의 토지 쓰임새를 나타내는 성격이 강하다. 또 지목은 땅 주인의 뜻에 따라 특별한 사정이 없는 한 변경이 가능하다. 예컨대 임야를 소유하고 있는 사람이 지자체의 허가를 받으면 대지로 바꿀 수 있다. 반면 정책적 필요에 따라 지정된 용도 지역은 땅 주인 마음대로 바꾸기가 매우 어렵다. 예를 들어 용도 지역상 생산 관리 지역에 들어선 땅을 계획 관리 지역으로 쉽게 변경할 수가 없다는 의미다.

용도 지역은 행정 당국의 행정적 계획 제한을 나타낸다는 점에서 지목과 큰 차이가 있다. 이 때문에 지목보다는 용도 구역이 땅의 가치를 결정하는 데 더 중요한 요소라고 보는 전문가들이 많다.

지적법에서는 지목을 28가지 종류로 구분하고 있다. 구체적인 종류로는 대지, 전, 답, 과수원, 목장용지, 임야, 광천지(온천수 나오는 땅), 염전, 공장용지, 학교용지, 주차장, 주유소용지, 창고용지, 도로, 철도용지, 제방, 하천, 구거(인공수로 둑), 유지(저수지), 양어장, 수도용지, 공원, 체육용지, 유원지, 종교용지, 사적지, 묘지, 잡종지 등이 있다. 일반적으로는 건물을 시을 수 있는 땅인지, 그렇지 않은 땅인지를 기준으로 대지와 그 이외의 땅으로 구분하기도 한다. 지목을 정할 때에는 필지마다 하나의 지목을 설정하는 것이 원칙이다.

지적법에 의하면 지목이란 토지의 주된 용도에 따라 토지의 종류를 구분한 것이다. 즉, 주된 용도가 바뀌면 결국 지목도 바뀔 수밖에 없는 것이다. 이제부터 지목의 28가지 내용을 구체적으로 살펴보자.

1. 전

물을 상시적으로 이용하지 아니하고 곡물, 원예작물(과수류 제외), 약초, 뽕나무, 닥나무, 묘목, 관상수 등의 식물을 주로 재배하는 토지와 식용을 위하여 죽순을 재배하는 토지는 '전'으로 한다.

2. 답

물을 상시적으로 직접 이용하여 벼, 연, 미나리, 왕골 등의 식물을 주로 재배하는 토지는 '답'으로 한다.

3. 과수원

사과, 배, 밤, 호두, 귤 나무 등 과수류를 집단적으로 재배하는 토지와 이에 접속된 저장고 등 부속시설물의 부지는 '과수원'으로 한다. 다만 주거용 건축물의 부지는 '대'로 한다.

4. 목장용지

다음 각목의 토지는 '목장용지'로 한다. 다만 주거용 건축물의 부지는 '대'로 한다.

가. 축산업 및 낙농업을 하기 위하여 초지를 조성한 토지

나. 축산법 제2조 제1호의 규정에 의한 가축을 사육하는 축사 등의 부지

다. 가목 및 나목의 토지와 접속된 부속시설물의 부지

5. 산지(임야)

산림 및 원야를 이루고 있는 수림지, 죽림지, 암석지, 자갈땅, 모래땅, 습지, 황무지 등의 토지는 '산지(임야)'로 한다.

6. 광천지

지하에서 온수, 약수, 석유류 등이 용출되는 용출구와 그 유지에 사용되는 부지는 '광천지'로 한다. 다만 온수, 약수, 석유류 등을 일정한 장소로 운송하는 송수관, 송유관 및 저장시설의 부지는 제외한다.

7. 염전

바닷물을 끌어들여 소금을 채취하기 위하여 조성된 토지와 이에 접속된 제염장 등 부속시설물의 부지는 '염전'으로 한다. 다만 천일제염 방식에 의하지 아니하고 동력에 의하여 바닷물을 끌어들여 소금을 제조하는 공장시설물의 부지는 제외한다.

8. 대

다음 각목의 토지는 '대'로 한다.

가. 영구적 건축물 중 주거, 사무실, 점포와 박물관, 극장, 미술관 등 문화시설과 이에 접속된 정원 및 부속시설물의 부지

나. 국토의 계획 및 이용에 관한 법률 등 관계 법령에 의한 택지 조성 공사가 준공된 토지

9. 공장용지

다음 각목의 토지는 '공장용지'로 한다.

가. 제조업을 하고 있는 공장시설물의 부지

나. 산업 직접 활성화 및 공장 설립에 관한 법률 등 관계 법령에 의한 공장부지 조성 공사가 준공된 토지

다. 가목 및 나목의 토지와 같은 구역 안에 있는 의료시설 등 부속시설물의 부지

10. 학교용지

학교의 교사와 이에 접속된 체육장 등 부속시설물의 부지는 '학교용지'로 한다.

11. 주차장

자동차 등의 주차에 필요한 독립적인 시설을 갖춘 부지와 주차 전용 건축물 및 이에 접속된 부속시설물의 부지는 '주차장'으로 한다.

12. 주유소용지

다음 각목의 토지는 '주유소용지'로 한다. 다만 자동차, 선박, 기차 등의 제작 또는 정비공장 안에 설치된 급유, 송유 시설 등의 부지는 제외한다.

　가. 석유, 석유제품 또는 액화석유가스 등의 판매를 위하여 일정한 설비를 갖춘 시설물의 부지

　나. 저유소 및 원유저장소의 부지와 이에 접속된 부속시설물의 부지

13. 창고용지

물건 등을 보관 또는 저장하기 위하여 독립적으로 설치된 보관시설물의 부지와 이에 접속된 부속시설물의 부지는 '창고용지'로 한다.

14. 도로

다음 각목의 토지는 '도로'로 한다. 다만 아파트, 공장 등 단일 용도의 일정한 단지 안에 설치된 통로 등은 제외한다.

가. 일반 공중의 교통 운수를 위하여 보행 또는 차량 운행에 필요한 일정한 설비 또는 형태를 갖추어 이용되는 토지
나. 도로법 등 관계 법령에 의하여 도로로 개설된 토지
다. 고속도로 안의 휴게소 부지
라. 2필지 이상에 진입하는 통로로 이용되는 토지

15. 철도용지

교통 운수를 위하여 일정한 궤도 등의 설비와 형태를 갖추어 이용되는 토지와 이에 접속된 역사, 차고, 발전시설 및 공착장 등 부속시설물의 부지는 '철도용지'로 한다.

16. 제방

조수, 자연유수, 모래, 바람 등을 막기 위하여 설치된 방조제, 방수제, 방사제, 방파제 등의 부지는 '제방'으로 한다.

17. 하천

자연의 유수가 있거나 있을 것으로 예상되는 토지는 '하천'으로 한다.

18. 구거

용수 또는 배수를 위하여 일정한 형태를 갖춘 인공적인 수로, 둑 및 그 부속시설물의 부지와 자연의 유수가 있거나 있을 것으로 예상되는 소규모 수로부지는 '구거'로 한다.

19. 유지

물이 고이거나 상시적으로 물을 저장하고 있는 댐, 저수지, 소류지, 호수, 연못 등의 토지와 연, 왕골 등이 자생하는 배수가 잘되지 아니하는 토지는 '유지'로 한다.

20. 양어장

육상에 인공으로 조성된 수산생물의 번식 또는 양식을 위한 시설을 갖춘 부지와 이에 접속된 부속시설물의 부지는 '양어장'으로 한다.

21. 수도용지

물을 정수하여 공급하기 위한 취수, 저수, 도수, 정수, 송수 및 배수 시설의 부지 및 이에 접속된 부속시설물의 부지는 '수도용지'로 한다.

22. 공원

일반 공중의 보건, 휴양 및 정서생활에 이용하기 위한 시설을 갖춘 토지로서 국토의 계획 및 이용에 관한 법률에 의하여 공원 또는 녹지로 결정, 고시된 토지는 '공원'으로 한다.

23. 체육용지

국민의 건강 증진 등을 위한 체육활동에 적합한 시설과 형태를 갖춘 종합운동장, 실내체육관, 야구장, 골프장, 스키장, 승마장, 경륜장 등 체육시설의 토지와 이에 접속된 부속시설물의 부지는 '체육용지'로 한다. 다만 체육시설로서의 영속성과 독립성이 미흡한 정구장, 골프연습장, 실내수영장 및 체육도장, 유수를 이용한 요트장 및 카누장, 산림 안의 야영장 등의 토지는 제외한다.

24. 유원지

일반 공중의 위락, 휴양 등에 적합한 시설물을 종합적으로 갖춘 수영장, 유선장, 낚시터, 어린이놀이터, 동물원, 식물원, 민속촌, 경마장 등의 토지와 이에 접속된 부속시설물의 부지는 '유원지'로 한다. 다만 이들 시설과의 거리 등으로 보아 독립적인 것으로 인정되는 숙식시설 및 유기장의 부지와 하천, 구거 또는 유지(공유의 것에 한함)로 분류되는 것은 제외한다.

25. 종교용지

일반 공중의 종교의식을 위하여 예배, 법요, 설교, 제사 등을 하기 위한 교회, 사찰, 향교 등 건축물의 부지와 이에 접속된 부속시설물의 부지는 '종교용지'로 한다.

26. 사적지

문화재로 지정된 역사적인 유적, 고적, 기념물 등을 보존하기 위하여 구획된 토지는 '사적지'로 한다. 다만 학교용지, 공원, 종교용지 등 다른 지목으로 된 토지 안에 있는 유적, 고적, 기념물 등을 보호하기 위하여 구획된 토지는 제외한다.

27. 묘지

사람의 시체나 유골이 매장된 토지(도시공원 및 녹지 등에 관한 법률)에 의한 묘지공원으로 결정, 고시된 토지 및 장사 등에 관한 법률 제2조 제8호의 규정에 의한 납골시설과 이에 접속된 부속시설물의 부지는 '묘지'로 한다. 다만 묘지의 관리를 위한 건축물의 부지는 '대'로 한다.

28. 잡종지

다음 각목의 토지는 '잡종지'로 한다. 다만 원상회복을 조건으로 돌을 캐내는 곳 또는 흙을 파내는 곳으로 허가된 토지는 제외한다.

가. 갈대밭, 실외에 물건을 쌓아두는 곳, 돌을 캐내는 곳, 흙을 파내는 곳, 야외시장, 비

행장, 공동우물

나. 영구적 건축물 중 변전소, 송신소, 수신소, 송유시설, 도축장, 자동차운전학원, 쓰

레기 및 오물처리장 등의 부지

다. 다른 지목에 속하지 아니하는 토지

지적법상 28개 지목의 분류표

지목	부호	코드	지목	부호	코드
전	전	1	철도용지	철	15
답	답	2	제방	제	16
과수원	과	3	하천	천	17
목장용지	목	4	구거	구	18
산지(임야)	임	5	유지	유	19
광천지	광	6	양어장	양	20
염전	염	7	수도용지	수	21
대	대	8	공원	공	22
공장용지	장	9	체육용지	체	23
학교용지	학	10	유원지	원	24
주차장	차	11	종교용지	종	25
주유소용지	주	12	사적지	사	26
창고용지	창	13	묘지	묘	27
도로	도	14	잡종지	잡	28

토지 투자 시 명심해야 할 12가지

토지를 사는 목적은 다양하다. 전원주택을 짓기 위해서, 주말농장을 하기 위해서, 혹은 단순히 투자하기 위해서 등 각자 생각하는 그림이 있을 것이다. 그러면 이와 같은 목적에 부합하는 토지를 사기 위해서는 무엇을 고려해야 할까? 투자를 결정하기 전에 아래의 열두 가지 포인트를 꼭 체크하자.

토지로 들어가는 길(진입로)이 있는가?

토지를 고를 때 꼭 살펴봐야 할 것 중 하나가 바로 진입로다. 토지 모양이 아무리 예쁘고 전망이 좋아도 들어가는 길이 없다면 그 토지는 이용할 수가 없다. 이렇듯 들어가는 길이 없는 토지를 '맹지'라고 한다. 맹지를 이용하려면 주변에 있는 토지를 사서 길을 만들어야 하는데,

이때 잘못하면 내 땅값보다 길을 만들기 위해 사야 하는 토지의 값이 더 비쌀 수도 있다. 그러므로 토지를 살 때에는 반드시 지적도를 발급받아 들어가는 길이 있는지 확인해야 한다.

흙의 성질이 건물 짓기에 좋은가?

토지를 살 때 흙의 성질이 어떠한지 반드시 확인해야 한다. 조금만 파도 바위가 나오는 땅이라면 건물을 지을 때 공사비가 많이 들어갈 것이고, 모래가 너무 많다면 건물을 짓고 난 후에 건물이 기울거나 물이 샐 수도 있기 때문이다. 참고로 좋은 토질은 자갈이 너무 많지 않은, 굳고 단단하면서 물 빠짐이 좋은 모래흙(마사토)이다.

밭이나 논을 대지로 바꿀 수 있는가?

사람들이 토지를 사는 이유는 물론 농사를 지으려고 하는 경우도 있으나, 주로 나중에 주택이나 상가 같은 건물을 짓기 위해서다. 그러므로 사놓은 밭과 논을 주택이나 상가 등을 지을 수 있는 대지로 바꾸지 못한다면 큰 낭패가 아닐 수 없다. 한 예로, 농사만 짓기 위해서 모양을 바둑판처럼 반듯하게 정리하고 물을 이용할 수 있도록 수로를 만들어 놓은 논은 집을 지을 수 있는 대지로 바꾸기가 어려우므로 이러한 논은 사지 않는 것이 좋다.

그럼 밭과 논을 대지로 바꿀 수 있는지(개발 가능한지) 알려면 어떻게 해야 할까? 사려는 토지가 있는 해당 시·군·구청의 담당 공무원이나 시·군·구청 앞에 있는 토목측량업체 혹은 설계사무소에 가서 물어보면 정확하게 알 수 있다. 추가로 토지이용계획확인서도 확인해야 하는 것은 물론이다.

현재 사용 용도가 공부서류의 지목과 일치하는가?

현장에 가보면 지적도나 토지이용계획확인서의 지목과 다르게 토지를 이용하고 있는 경우가 더러 있다. 이럴 때에는 현재 사용하고 있는 용도가 우선이 된다. 그러므로 공부서류의 지목만 확인하지 말고 실제 어떤 용도로 이용하고 있는지도 반드시 확인해야 한다.

묘는 없는가?

앞서 말한 것처럼 밭과 산을 사는 경우에는 그곳에 묘가 있는지 반드시 확인해야 한다. 묘가 있는 부분은 자신의 토지라 하더라도 이용할 수가 없기 때문이다. 만약 묘가 있는 곳을 사려고 한다면, 잔금을 치르기 전까지 그 묘를 다른 곳으로 옮겨주는 것을 조건으로 계약을 해야 한다.

토지의 모양은 어떠한가?

토지의 모양도 매우 중요하다. 예를 들어 토지가 직사각형 모양인데 토지의 긴 면이 도로에 붙어 있다면 나중에 도로가 확장될 때 토지의 일부가 깎여나가 모양이 막대기처럼 되어버려 이용하는 데 어려움이 많아진다. 그러므로 토지의 모양은 직사각형보다 정사각형에 가까운 것이 좋고, 삼각형 모양의 토지나 부정형의 토지는 활용할 수 있는 면적이 적어서 좋지 않다.

토지의 경사도 확인하라

집을 지을 때에는 15도 정도 완만하게 경사진 토지가 경사지지 않은 토지보다 전망도 좋고 햇빛도 많이 받을 수 있어 적합하다. 토지를 보러 갈 때 걸어서 오르기 힘들지 않고 안정감을 주는 정도면 15도라고 볼 수 있다. 경사가 너무 급하면 집을 짓거나 진입하는 데 많은 어려움이 있을 뿐만 아니라 심한 경우에는 건축 허가를 받지 못할 수도 있으므로 유의해야 한다.

토지의 방향은 어느 쪽인가?

집을 지었을 때 거실의 창을 남쪽으로, 출입문을 동쪽으로 낼 수 있는 토지가 좋으며 그 반대는 좋지 않다.

토지의 경계는 정확한가?

시골 땅들은 경계가 모호한 경우가 많다. 자신의 밭을 이용하다가 자기도 모르게 남의 밭까지 넘어가 이용하기도 하고, 오랫동안 농사를 짓지 않고 방치해둔 경우 이웃 토지와의 경계가 불분명할 수도 있다. 그러므로 토지를 살 때에는 토지의 경계를 정확히 확인해야 한다. 만약 눈으로 확인하기 어려워 측량을 해야 할 경우에는 해당 토지가 있는 시·군·구청 민원실의 지적 측량 접수창구에 신청하면 된다. 경계 측량의 경우 비용이 약 70만 원에서 90만 원 정도다.

현재 사는 곳에서 얼마나 먼가?

아무리 전망이 좋은 토지라 해도 거리가 멀어서 가는 시간이 서너 시간씩 걸린다면 토지를 자주 이용하기 어렵다. 따라서 토지는 현재 사는 곳에서 한 시간 내지 한 시간 30분 정도 걸리는 거리에 있는 것이 좋다. 한 예로, 전원생활이 꿈이었던 K씨는 세 시간 남짓 걸리는 시골에 밭을 사서 그곳에 전원주택을 지었다. 그리고 주말마다 그곳에 가서 전원생활을 했다. 그러기를 6개월, 그동안은 이동 시간이 좀 걸리더라도 주말마다 전원생활 하는 재미에 힘든 줄 몰랐는데 갈수록 점점 지쳐가 이제는 한 달에 한 번 갈까 말까 할 정도가 되었다고 한다.

토지 주변에 혐오시설이 없는가?

2km 이내에 공동묘지, 하수종말처리장, 축사, 쓰레기매립장, 염색 공장 등 혐오시설이 있는 토지는 사지 않는 것이 좋다. 특히 이러한 시

설들은 산 뒤편이나 마을 구석 등 잘 보이지 않는 곳에 숨어 있으므로 1/50,000 지도를 가지고 꼼꼼히 체크해봐야 한다. 가능하다면 지도를 들고 다니면서 직접 확인하는 것이 좋다. 참고로 민간업체에서 발간하는 1/25,000이나 1/50,000 축척 지도를 쓰는 이유는 기호가 좀 더 상세히 표시되어 있어서 해당 토지를 찾기가 훨씬 수월하기 때문이다. 시·군·구청에서 발급받을 수 있는 지적도의 축척은 1/500, 1/600, 1/1,000, 1/1,200, 1/2,400이 있는데 주로 1/1,200을 사용한다.

지하수 개발이 가능한가?

토지의 가치는 개발할 수 있는지, 개발할 수 없는지에 달려 있다. 그런데 개발과 맞물려 따라다니는 것이 지하수 문제다. 지하수를 개발할 수 있는 토지와 지하수를 개발할 수 없는 토지는 그 가치가 다르다. 지하수를 개발할 수 있는지 여부는 그곳에서 오랫동안 살아온 마을 주민에게 물어보면 알 수 있다. 참고로 지하수를 개발하는 데 드는 비용은 대략 600만 원에서 800만 원 정도다.

투자 전
땅의 용도를 정하라

우리나라에서는 땅을 어떻게 이용할 것인지에 따라 다음의 네 가지로 지역을 나눈다. 도시와 관련된 땅은 '도시 지역', 농사와 관련된 땅은 '농림 지역', 자연환경 보호와 관련된 땅은 '자연환경 보전 지역', 그리고 '관리 지역'으로 분류한다.

먼저 미래의 도시 지역 성격을 가진 '관리 지역'에 대해 알아보자.

관리 지역은 무언가로 나누기 애매한 땅이라서 경우에 따라서는 도시 지역처럼 개발될 수도 있고, 아니면 자연환경 보전 지역처럼 후세대의 자연환경을 위해 영원히 개발이 안 될 수도 있다. 관리 지역은 다시 보전 관리 지역과 생산 관리 지역, 계획 관리 지역으로 나뉘는데, 이 중에서 미래의 도시 지역 성격을 가진 계획 관리 지역이 가장 인기가 많고 땅값도 높다. 개발 규제가 풀리면 이 지역 안에 있는 산지(임야)를 개발하기가 쉬워져서 땅의 가치가 두 배 이상 상승할 수도 있기 때문이다.

'생산 관리 지역', '보전 관리 지역'은 농림 지역이나 자연환경 보전 지역으로 지정하기 곤란한 지역을 지정해 관리하는 것으로, 이들 지역은 계획 관리 지역에 비해 규제가 많다. 특히 보전 관리 지역은 말 그대로 후 세대에게 물려주기 위해 그대로 보존하는 지역이기 때문에 땅의 가치가 높아지지 않는다. 그렇다고 해서 집을 지을 수 없는 것은 아니다. 생산 관리 지역이나 보전 관리 지역이라 하더라도 농사를 짓는 농업인 자격을 갖추면 660㎡(약 200평) 이하의 농지에 농지 전용 허가를 받지 않고 신고만으로도 농업인 주택을 지을 수 있다. 그리고 농지 전용 부담금을 내지 않아도 된다. 단, 주택의 바닥 면적을 결정하는 건폐율은 계획 관리 지역이 40%인 데 반해 보전 관리 지역과 생산 관리 지역은 20%다.

산지를 살 때에는 용도 지역이 무엇인지, 그리고 용도 지역이 관리 지역이라면 계획 관리 지역인지 생산 관리 지역인지, 아니면 보전 관리 지역인지 토지이용계획확인서를 통해 반드시 확인해야 한다. 보전 지역의 산지는 여러 가지 제한으로 인해 개발하기가 어렵지만, 내가 사고자 하는 산지가 관리 지역 중 계획 관리 지역 안에 있는 것이라면 충분히 투자 가치가 있다.

산지관리법의 강화로 앞으로 보전 가치가 있는 보전 산지와 자연환경 보전 지역은 점점 더 개발이 어려워질 것이다. 그러므로 "몇 년 안에 개발이 된다더라" 하는 말을 곧이곧대로 믿지 말고 반드시 해당 자치단체의 담당 공무원에게 확인한 후에 투자해야 한다. 참고로 관리 지역의 순서를 투자 가치에 따라 매겨본다면 다음과 같다.

'계획 관리 지역 〉 생산 관리 지역 〉 보전 관리 지역'

땅의 쓰임새를 알고 투자하라

부동산 초보투자자라면 땅의 분류와 관련한 용어 앞에서 큰 혼란을 느낄 것이다. 용어가 추상적인 데다 각종 토지이용규제제도와 연계된 탓에 체계도 복잡하기 때문이다. 하지만 땅의 종류와 가치는 '용도 지역', '용도 구역', '지목' 등만 제대로 이해하고 있어도 금세 파악할 수 있다.

용도 지역이란 건폐율, 용적률, 높이 등을 입지별로 제한하기 위해 책정해놓은 구역을 뜻한다. 앞에서 설명한 바와 같이 용도 지역은 도시 지역(주거 지역, 상업 지역, 공업 지역, 녹지 지역), 관리 지역(보전 관리 지역, 생산 관리 지역, 계획 관리 지역), 농림 지역, 자연환경 보전 지역 등의 네 가지로 나뉜다.

땅을 쓰임새와 가치에 따라 네 가지 용도 지역으로 구분해놓은 법이 바로 '국토의 계획 및 이용에 관한 법률'이다. 이 법에 따르면 도시 지역은 주거 지역, 상업 지역, 공업 지역, 녹지 지역 등으로 구분된다.

주거 지역은 전용주거 지역(1~2종), 일반주거 지역(1~3종), 준주거 지역으로 다시 나뉜다. 전용주거 지역은 다세대, 다가구 등 저층 주택만이 들어설 수 있는 땅을 말한다. 일반주거 지역은 편리한 주거 환경을 조성하기 위해 지정된 땅으로 아파트가 주로 들어선다. 준주거 지역은 주거 기능을 주로 하되, 상업적 기능의 보완이 필요한 경우에 지정된다.

상업 지역은 중심상업, 일반상업, 근린상업, 유통산업 등으로, 공업 지역은 전용공업, 일반공업, 준공업 등으로 구분된다. 녹지 지역은 보전녹지, 생산녹지, 자연녹지 등으로 분류되는데, 특히 자연녹지 지역에서는 개발이 제한적으로 허용돼 땅값이 상대적으로 비싼 편이다.

주로 주거, 상업, 업무 등으로 사용되는 도시 지역과 달리 관리 지역은 농업 생산, 농지 보전 등의 목적으로 지정된 땅을 말한다. 이 관리 지역(옛 준도시, 준농림지)은 현재 각 지자체별로 계획 관리, 생산 관리, 보전 관리 등으로 분류하는 작업이 진행 중이다. 계획 관리 지역에서는 제한적으로 개발이 허용되지만 생산, 보전 관리 지역은 엄격하게 개발이 제한된다.

신분으로 분류한 용도 지역 및 지목

신분	용도(4가지)			지목(28가지)
임금	도시 지역	주거 지역	전용주거 지역(1,2종)	1. 전 2. 답 3. 과수원 4. 목장용지 5. 산지(임야) 6. 광천지 7. 염전 8. 대 9. 공장용지 10. 학교용지 11. 주차장 12. 주유소용지 13. 창고용지 14. 도로 15. 철도용지 16. 제방 17. 하천 18. 구거 19. 유지 20. 양어장 21. 수도용지 22. 공원 23. 체육용지 24. 유원지 25. 종교용지 26. 사적지 27. 묘지 28. 잡종지
			일반주거 지역(1,2,3종)	
			준주거 지역	
		상업 지역	중심상업 지역	
			일반상업 지역	
			근린상업 지역	
		공업 지역	전용공업 지역	
			일반공업 지역	
			준공업 지역	
		녹지 지역	보존녹지 지역	
			생산녹지 지역	
			자연녹지 지역	
세자	관리 지역	계획 관리 지역		
		생산 관리 지역		
		보전 관리 지역		
평민	농림 지역			
노비	자연환경 보전 지역			

쓰임새가 많아질수록 땅값은 올라간다

땅값은 그 쓰임새에 따라 결정되는 경향이 짙다. 쓰임새가 많아지면 그만큼 값어치도 올라간다. 땅의 쓰임새란 지을 수 있는 건물의 종류, 건폐율, 용적률 등에 따라 결정된다. 예컨대 용도 지역상 도시 지역은 관리 지역에 비해 건폐율과 용적률이 많이 주어져 건물을 보다 높이 지을 수 있으므로 땅값이 더 비싼 편이다.

같은 용도 지역 안에서도 세부 분류에 따라 땅값에 차이가 난다. 일반적으로 아파트 건축이 가능한 도시 지역 내 일반주거 지역 땅은 저층 주택만 들어설 수 있는 전용주거 지역 땅값보다 비싸다. 지목 간에도 땅값 차이가 크다. 땅값 면에서는 대지 가격이 다른 27개 지목에 비해 항상 제일 비싸다. 주변 논밭과 비교하면 대략 30% 이상 비싸다.

전답의 지목을 주택 건축이 가능한 대지로 변경할 경우 제곱미터당

1만 300원에서 2만 1,900원까지 비용이 들어간다. 논밭을 대지로 변경하면 당연히 쓰임새가 많아지면서 땅값이 30~40% 정도 올라가게 된다.

물론 대지 가격도 조건에 따라 가격이 천차만별이다. 조건이 나쁜 땅은 은행담보능력 등이 떨어져 땅값이 쌀 수밖에 없다. 이런 대지로는 위험시설과 인접한 땅, 저지대에 위치한 땅, 폭이 8m 이하인 땅, 진입도로에 2m 이상 접해 있지 않은 땅, 진입로 폭이 4m 이하인 땅, 경사 15도 이상인 땅 등이 있다. 이런 땅은 쓰임새가 떨어져 가치가 떨어지는 만큼 되도록 투자를 피하는 것이 좋다.

📍 용도 지역을 보완하는 용도 지구, 용도 구역

땅에는 용도 지역 외에 '용도 지구', '용도 구역'이란 것도 있다. 기본적으로는 용도 지역상에 용도 지구나 용도 구역이 중첩돼 지정되는 게 일반적이다.

용도 지구란 용도 지역 지정을 보완하는 성격이 짙다. 즉, 건축물의 용도, 건폐율, 용적률, 높이 등과 관련된 용도 지역의 제한을 추가적으로 강화하거나 완화할 필요가 있는 용도 지구를 추가로 지정한다. 주로 용도 지역의 미관, 경관, 안전 등을 강화시킬 필요가 있을 때 별도로 용도 지구를 추가 지정한다. 용도 지구의 종류로는 경관 지구, 미관 지구, 고도 지구, 방화 지구, 방재 지구, 보존 지구, 시설 보호 지구, 취락

지구, 개발 진흥 지구, 특정용도 제한 지구 등이 있다.

용도 구역은 특히 이용 규제에 초점을 맞춰 용도 지역의 지정을 보완한다. 구체적으로는 무질서한 시가지 확산 방지, 계획적인 토지 이용, 토지 이용의 종합적 관리 등을 위해 정해놓은 지역을 말한다. 용도 구역은 시가화 조정 구역, 개발 제한 구역(그린벨트), 수자원 보호 구역 등으로 구분된다.

일반적으로 용도 지역과 용도 지구가 토지 이용에 초점을 맞추고 있다면, 용도 구역은 토지 이용 규제에 초점이 맞춰져 있다. 용도 지역과 용도 지구는 도시 지역 내에 지정되는 경우가 많은 데 비해 용도 구역은 도시 주변에 지정될 가능성이 크다. 용도 지구, 용도 구역의 구체적인 내용은 대부분 각 지방자치단체의 조례에서 규정하게 된다.

앞으로 땅값이 오를 만한 투자처

앞으로는 서해안을 개발하지 않으면 안 될 것이다. 그 이유가 무엇일까? 과거에는 경부고속도로를 뚫어 부산항을 통해 미국, 일본, 유럽으로 수출을 했다. 하지만 시대가 바뀌어 이제는 중국과 인도 등 수많은 인구를 가지고 있는 나라들을 공략해야 한다. 부산항에서 배를 띄워 중국과 인도를 가기에는 너무 많은 비용이 든다. 그래서 수도권, 인천, 충청남도를 개발하는 것이다. 서산시의 대산항은 중국의 롱옌항과 339km로 가장 가까운 거리에 있다. 정부는 기업화하기 좋은 도시로 충남을 선택했다.

부자가 되기 위한 조언

부자들의 생각, 행동, 가치관을 이해하고 배워서 한 걸음 더 부자에 가까워지자. 부자들은 바로 이렇게 사고하고 행동한다.

▶ 돈의 세 가지 특성을 이해하라

돈의 수익성 : 좀 더 빨리, 많이 불어나는 곳에 돈이 모인다.

돈의 안전성 : 상대적으로 떼일 염려가 적은 곳에 돈이 모인다.

돈의 유동성 : 좀 더 빨리 찾을 수 있는 곳에 돈이 모인다.

▶ 진정한 경제적 자유인이 되어라

어떤 부자들은 투자에서 나오는 소득이 매달 저축액과 생활비보다 커서 일할 필요가 없다. 이런 부자들을 진정한 '경제적 자유인'이라고 부른다.

▶ 부자는 투자자임을 명심하라

투자 없이는 절대로 부자가 될 수 없음을 명심하라.

▶ 부자들은 원금으로 물건을 구입하지 않는다

부자들은 투자에서 발생하는 소득의 일부를 모아 갖고 싶은 고급 자동차와 명품을 구입하지, 절대로 원금을 깨거나 돈을 빌려서 구입하지 않는다. 즉, 부자들은 투자에서 나온 추가적인 소득으로 소비하기에 구매까지 시간이 걸리는 반면, 보통 사람들은 무언가 갖고 싶을 때 원금을 깨거나 빚을 내어 바로 구매한다.

▶ 사치의 정의를 다시 내리자

사치란 투자로 연결되어 발생한 소득으로 구입하지 않고 원금을 사용하거나 카드로, 혹은 빚을 내서 소비하는 모든 것을 말한다. 시대가 아무리 변해도 근검절약하지 않고서는 절대로 부자가 될 수 없다.

▶ 당신은 언제부터 가난해지는가?

당신이 이렇게 벌어서 부자가 되기 어렵다고 생각하는 순간부터 가난해지기 시작한다. 이런 마음이 드는 순간 빨리 희망을 갖고 부자의 길로 재도전해야 한다.

부동산 투자는 노후 준비의 발판

부자가 될 수 있는 기회는 언제라도 올 수 있다. 물론 처음부터 금수저를 물고 태어난 사람도 있지만 그렇지 않은 사람들 중에도 갑자기 로또에 당첨되거나, 어느 날 갑자기 시골에 갖고 있던 땅이 개발되어 부자가 되는 경우가 있다. 왜 시골에 있는 땅이 개발될까? 그 이유는 저평가되면 수용 가격이 싸고, 보상가가 싸기 때문이다.

대한민국 평균 수명이 100세까지 올라갔다는 이야기는 많이 들어봤을 것이다. 나에게는 50대, 60대가 오지 않을 것 같지만 세월은 엄청나게 빨리 흘러가버린다. 노후 준비는 우리 스스로 해야 한다. 부동산으로 10억 벌어서 65세 이후에 하나씩 팔아서 쓰면 되는 것이다. 그러기 위해서는 기회가 왔을 때 잡아야 한다. 목표를 정해놓고 달려가야 한다. 젊음을 기반으로 실행해야 한다. 결국 아무리 많은 이야기를 들어도 내 것으로 못 만들면 다 남의 이야기일 뿐이다.

깃발을 통해 알 수 있는 투자 시기와 공사 기간

- 흰색 깃발: 강제수용
- 노란색 깃발: 토지 보상 협의
- 파란색 깃발: 토지 보상 진행
- 빨간색 깃발: 토지 보상 완료

땅 투자 원칙 5가지

- 무조건 남들과 다르게 투자하라.
- 투자를 결정하면 과감히 투자하라. 투자 후 1년이 지나 다시 검토해도 후회하지 않을 정도의 투자 대상이어야 한다.
- 투자했으면 3~5년 정도는 버틸 수 있도록 인내하라.
- 투자 대상을 고려할 때 항상 부자들을 관찰하라. 그들은 우리가 돈을 벌 수 있는 미래의 모습이다.
- 투자 대상이 선정되지 않았을 때에는 투자하지 않고 기다리는 것도 투자다.

똑똑한 땅 부자 되는
실전 노하우

땅 투자의 제1원칙, 현장답사를 꼭 하라

제주도는 평범한 사람들도 '제주도에 내 땅이 있었으면' 하고 꿈꾸는, 누구나 탐내는 지역이다. 땅 투자자들 중에서 거리가 멀다는 이유로 토지 투자의 가장 기본이 되는 현장답사를 게을리하는 경우가 있는데 절대로 현장답사를 소홀히 해서는 안 된다. 특히 제주도는 육지의 다른 지역보다 더 멀고, 다른 지역에 비해 관리하기 더 어렵기 때문에 보다 꼼꼼한 현장답사가 필요하다.

필자는 현장을 돌며 깨닫는 나만의 노하우를 통해 투자 지역을 분석하는 데 많은 도움을 받는다. 물론 이는 현장에 따라 다르기 때문에 절대적이지는 않다. 어떤 사람은 개발지 인근의 개발 계획 깃발을 보고 판단하기도 하고, 또 어떤 사람은 인구 유입 자료를 분석하기도 한다. 이 책을 읽는 독자 여러분도 자신만의 노하우를 얻기 위해 현장감을 충분히 느껴보는 것을 첫 번째 원칙으로 삼기를 바란다. 땅 투자에서 현장답사가 얼마나 중요한지는 아무리 강조해도 지나치지 않는다.

📍 반드시 현장감을 느껴볼 것

많은 부동산 신문가들이 현장답사의 중요성을 강조한다. 한 분야의 전문가로서 멘토를 자처하는 사람들이 토지의 현장답사를 언급하는 데에는 이유가 있다. 그만큼 중요하기 때문이다. 토지 투자에 성공하기 위해서는 사전에 손품을 팔고 현장에서 발품을 팔며, 좋은 땅을 보는 안목을 길러야 한다. 좋은 안목이란 투자할 가치가 있는 땅을 알아본다는 뜻이다. 일반 사람들은 그냥 지나칠 수 있는 공사판도 투자자의 눈으로 바라보면 전혀 다르게 느껴진다. 필자가 정말 중요하게 생각하는 것은 바로 이 '현장감'이다.

현장감은 개발 중인 땅이 얼마나 활력을 가지고 있는지 느낄 수 있는 분위기이기도 하다. 휴일에도 바삐 움직이는 근로자들을 보면 지가도 곧 움직일 것이라는 사실을 직감할 수 있다. 그리고 주변에 길게 늘어선 부동산들을 바라보며 내 예상이 틀리지 않았음을 다시 한 번 확신할 수 있다.

먼지 풀풀 날리며 거칠게 달리는 덤프트럭도 투자자의 관점에서는 건강한 혈액처럼 보인다. 특히 넘다방이나 기획 부동산처럼 호재 지역으로 몰리는 업체가 많을수록 개발지의 가치가 상당하다는 것을 간접적으로 알 수 있다.

📍 현장답사 잘하는 방법

아직 땅 투자를 할 준비가 안 되었다고 말하는 사람들은, 그러면 과연 언제쯤 준비가 될까? 실행은 지금 바로 하는 것이 가장 좋다. 부족하지만, 소액이지만, 지금 실행해야 한다. 그래야 큰 금액이 모아졌을 때 그동안 길러온 안목에 의해 투자 여부를 더욱 현명하게 결정할 수 있다. 땅 투자를 하려면 사람과 환경을 두려워하지 말아야 한다.

실행을 결심하고 어떤 토지가 좋은 토지인지 확인했다면, 이번에는 토지를 보러 갈 때 현장답사 잘하는 방법을 알아보자.

우선 초보투자자는 토지 전문가와 동행하는 것이 바람직하다. 토지 투자 경험이 많은 전문가와 동행해야 보다 현실적인 이야기를 들을 수 있다. 그렇다면 토지 전문가는 어디서 구해야 할까? 현장답사에 동행할 토지 전문가는 처음 소개받은 사람보다는 토지 공부를 하면서 알게 된 사람, 그것도 인터넷이나 전화상으로 연락하던 사람이 아니라 얼굴을 마주하고 대화를 나눠본 후 믿음이 가는 사람을 선택하는 것이 좋다. 무늬만 토지 전문가인 사람들도 많기 때문이다.

현장답사를 갈 때에는 좀 무겁더라도 발목이 긴 등산화에 편안한 복장을 하는 것이 좋다. 멋모르고 양복에 넥타이 매고 구두 신고 현장답사를 하러 갔다가는, 양복 올은 나가고 구두에 진흙이 잔뜩 묻어 고생할 수 있다. 고생만 하고 말면 그나마 다행이다. 복장 때문에 신경이 쓰여 꼼꼼하게 현장을 살펴보지 못해 나중에 큰 손해를 볼 수도 있다.

만약 현장을 찾기 힘들 때에는 얼굴을 붉히면서 혼자 씩씩거리며 헤매지 말고, 지나가는 동네 어른이나 이장님에게 물어보면 쉽게 찾을 수 있다는 것을 기억하자. 초보투자자들이 현장답사를 할 때 가장 많이 실수하는 것이 현장을 못 찾고 헤매는 것이다. 특히 오랜 시간 사용하지 않은 시골의 토지는 장마로 인해 토지의 일부가 깎여나가거나, 토지 중간에 물길이 생겨 원래의 형체를 알아보기 어려운 경우가 많다.

토지를 살펴보기 가장 좋은 계절은 겨울이나 봄이다. 눈이 내리지 않은 겨울날이나 새싹이 돋으려고 하는 초봄에 가면 나무나 풀들이 무성하지 않아 현장을 잘 확인할 수 있기 때문이다. 또한 토지는 토질이 중요한데, 이것을 알기 위해서는 굳이 지질학 책을 찾아볼 것이 아니라 비 오는 날 해당 토지를 보면 된다. 비가 억수같이 오는데도 물이 잘 빠진다면 모래가 많은 것이고, 비가 조금 왔는데도 물이 빠지지 않고 땅이 질척거린다면 진흙이 많은 땅이다.

토지를 살 때와 달리 팔 때는 여름이나 가을이 좋은데, 특히 만물이 풍성하고 단풍이 만연한 가을이 더욱 좋다. 풍광이 좋아 토지를 사려는 사람의 마음을 한껏 들뜨게 만들기 때문이다.

마지막으로 토지를 사려는 사람에게는 골칫거리가 두 가지 있다. 하나는 건물이고, 하나는 묘다. 토지의 허가와 상관없이 건물이나 묘가 있으면 내 돈을 주고 산 토지라도 사용하지 못할 수 있기 때문이다. 그러므로 현장답사를 할 때에는 토지에 건물이 있는지 꼼꼼히 살펴보고, 만약 있으면 토지 주인에게 계약할 때까지 건물에 대해 아무런 문제가 없도록 해결해줄 것을 요구해야 한다.

가령 건물이 토지 주인의 것으로서 허가를 받아 지었고 쓸모가 있다면 건물의 소유권을 자신에게 넘겨달라고 하면 되고, 무허가 건물로 허름하고 쓸모가 없다면 철거해줄 것을 요구하면 된다. 또한 건물이 토지 주인 것이 아닌 경우에는 소유자를 찾아 철거해줄 것을 요구해야 한다. 반드시 잔금을 치르기 전까지 말이다. 묘 역시 잔금을 치르기 전에 이전을 전제로 계약해야 한다.

토지 개발에 대한 밑그림을 그려라

사실 땅만큼 전문가의 역할이 중요한 부동산 투자 상품도 드물다. 아파트의 경우 대체로 정보가 공개되어 있고, 가격 시세도 안정적으로 형성되어 있을 뿐만 아니라 투자자가 원하는 매물에 쉽게 접근할 수 있는 편이다. 반면 토지는 법적인 규제가 많을 뿐만 아니라 토지 시장이 공개 시장이라고는 하지만 아파트에 비하면 거의 비공개적인 시장이라고 할 만큼 잘 아는 사람들만이 접근할 수 있다. 그래서 땅을 사려는 초보투자자들은 반드시 신뢰할 수 있는 전문가의 도움을 받아야 한다.

우리나라의 국토 이용 체계는 관련 법률도 복잡하고 도시계획도 여러 단계로 수립되어 있어 상당히 까다롭다. 같은 지역 내 토지라도 입지 조건과 법적 개발 용도, 건축 허용 여부, 도로와의 접근성 등이 천차만별이나. 따라서 이럴 경우 해당 지역 인근의 실력 있는 건축설계사의 조력은 공인중개사의 도움만큼이나 절대적이다.

땅을 사서 개발하지 않고 단순히 시세차익만 보려 한다 하더라도 '이 토지는 어떤 식으로 개발이 가능하겠다'라는 밑그림은 그려져야 한다. 토지 개발에 대해 아무런 계획이 떠오르지 않고 막막하다면 그 토지는 가치가 없는 것이기 때문에 나중에 팔려고 내놓아도 팔리지 않아 투자금이 아주 오랫동안 묶일 수 있다. 도시 지역, 관리 지역, 농림 지역, 자연환경 보전 지역의 분류 내용을 확인하여 투자하려는 토지의 용도 가능성을 반드시 파악하는 절차를 잊지 말아야 한다.

지가 상승을 결정하는 가장 강력한 원인

땅값이 오를 만한 요인 중 가장 중요한 것은 바로 '인구'다. 지역에 인구가 유입되면 교통과 편의시설 등이 확충되기 때문에 자연히 지가는 상승하게 된다. 그렇다면 인구가 한 지역에 몰리는 원인으로는 무엇을 꼽을 수 있을까? 여러 가지 요인 중에서도 크게 두 가지가 중요하다. 바로 '산업'과 '관광'이다.

먼저 산업으로 인한 지가 상승 요인으로는 대형 산업단지의 조성이 대표적이다. 여기에서는 대규모 일자리가 발생한다. 대개 산업단지가 조성되고 그 안에서 일할 사람들이 몰리면 자연히 주변에는 상권과 주거지가 형성되고, 물류 이동 때문에 교통 편의성이 증대된다. 이렇게 변화된 환경은 기존의 지가를 상승시키는 영향력을 발휘하게 된다.

토지의 구체적인 용도

대구분	소구분	구분	소구분	의의	건폐율	용적률
도시 지역	주거 지역: 거주의 안녕과 건전한 생활환경을 위하여 필요한 지역	전용주거 지역: 양호한 주거 환경	제1종 전용주거 지역	단독주택 중심	50% 이하	100% 이하
		일반주거 지역: 편리한 주거 환경	제2종 주거 지역	공동주택 중심	50%	150%
		준주거 지역			60%	200%
	상업 지역: 상업, 그 밖의 업무 편익 증진을 위하여 필요한 도시 지역	중심상업 지역		도심, 부도심의 업무 및 상업 기능 확충을 위하여 필요한 지역	60%	250%
		일반상업 지역		일반적인 상업 및 업무 가능	50%	300%
		근린상업 지역		근린 지역에서의 일용품 및 서비스 공급	70%	200/250%
		유통상업 지역		도시 내 지역 간 유통 기능 증진	80%	1,100%
	공업 지역: 공업의 편익 증진	전용공업 지역		중화학공업, 공해성공업	70%	300%
		일반공업 지역		환경을 저해하지 않는 공업	70%	350%
		준공업 지역		경공업, 주거, 상업, 업무 기능 보완	70%	400%
	녹지 지역: 자연환경, 농지 및 산림의 보호·보건 행위, 보안과 도시의 무질서한 확산 방지, 녹지 보전 필요	보전녹지 지역		도시의 자연환경, 경관, 산림 보전	20%	80%
		생산녹지 지역		농업적 생산을 위하여 개발 유보할 필요	20%	100%
		자연녹지 지역		도시의 녹지 공간 확보, 도시 확산 방지, 장래 도시 용지의 공급을 위하여 보전할 필요가 있는 지역으로서 불가피한 경우에 한하여 제한적인 개발 허용	20%	100%
관리 지역	보전 관리 지역			자연보호 녹지공간 확보 및 생태계 보호 등을 위하여 필요하나 주변 용도 지역과의 관계 등을 고려할 때 자연환경 보전 지역으로 지정하여 관리하기가 곤란한 지역	20%	80%
	생산 관리 지역			농업, 임업, 어업 생산 등을 위하여 관리가 필요하나 주변 용도 지역과의 관계를 고려할 때 놀림 지역으로 지정하여 관리하기가 곤란한 지역	20%	80%
	계획 관리 지역			도시 지역으로 편입이 예상되는 지역 또는 자연환경을 고려하여 제한적인 이용 개발을 하려는 지역으로서 계획적, 체계적인 관리가 필요한 지역	40%	100%
농림 지역	도시 지역에 속하지 아니하는 농지법에 의한 농업 진흥 지역, 산림법에 의한 보전, 임지 등으로 농업 진흥과 산림의 보전을 위하여 필요한 지역				20%	80%
자연환경 보전 지역	자연환경, 수자원, 해양생태계, 상수원 및 문화재의 보전과 수자원의 보호 육성을 위하여 관리가 필요한 지역				20%	80%

두 번째로, 그곳에 관광 호재가 있는가 하는 점이 중요하다. 실제로 관광 호재는 지가 상승에 상당한 영향을 끼치고 있다. 관광지 역시 하나의 '산업'이다. 오히려 어마어마한 초기 투자금이 발생하는 산업단지에 비해, 입소문만 잘 나면 더 훌륭한 경제적 효과를 얻을 수도 있다. 관광은 소비가 주를 이루는 산업이기 때문이다.

예컨대 2015년 4월, 중국의 아오란그룹 우수사원 포상여행으로 중국인 관광객이 6박 7일 동안 한국을 방문했다. 약 5,500명의 관광객이 7일간의 일정 동안 발생시킨 경제효과는 '120억'. 대부분 인천과 서울 지역에서 쇼핑이 이루어졌기 때문이지만, 상당한 효과로 볼 수 있다. 그런데 이러한 경제효과가 지가 상승에 어떤 영향을 끼치는 걸까?

우선 관광객이 많이 찾아오는 곳은 숙박업소가 필요하다는 의미로도 해석할 수 있다. 숙박업뿐만 아니라 음식점, 잡화점 등 관광객들이 먹고, 즐길 수 있는 여타 다른 분야의 편의시설도 필요하다. 만약 기존에 열 개의 편의시설이 100명의 관광객을 소화할 수 있었다면, 남은 관광객들을 소화해낼 다른 편의시설이 필요해질 것이다. 이로 인해 주변을 개발하게 되고, 주변의 토지는 앞으로 개발 가능성이 높아져 자연히 가치가 오르게 되는 것이다. 마치 유휴 토지가 부족한 서울에서 개발이 더 이상 이루어지기 힘들어 재건축과 재개발이 이루어지는 것처럼, 활용할 수 있는 토지가 많은 지역에서는 관광 호재로 토지의 가치가 상승하게 된다.

만약 관광지가 생길 곳에 토지 투자를 하게 될 경우에는 다음 사항을 주의하자. 먼저 관광지가 생기더라도 지역 대부분이 문화재보호구역이거나, 주변이 임야로 둘러싸여 있는 경우에는 쉽사리 상업활동이나 개발을 할 수 없다. 더불어 이 지역의 교통이 뒷받침해주지 못하는 경우 오히려 활성화되지 못한 채 처치 곤란으로 변모하는 경우도 있으므로 투자 시에는 주변의 환경과 입지조건을 반드시 확인해봐야 한다.

세상에 눈먼 토지 개발 정보는 없다

토지 시장은 제2기 신도시 개발, 택지개발지구 지정, 고속철도 개통, 그린벨트 해제, 미군 부대 이전 등 각종 개발 재료를 타고 열풍을 맞고 있다. 정부 정책에 따른 각종 개발 재료가 토지 시장을 재편하는 것이다.

개발 재료는 경기와 무관하게 토지 가격을 상승시킨다. 가까운 예로 미군 부대 이전이 예정되어 있는 평택이나, 신도시 후보지로 오르내리는 지역 등은 몇 달 사이에 토지 가격이 배 이상 뛰어오르기도 했다. 이러한 개발 호재가 땅값에 반영되는 것은 분당 신도시의 경우만 보더라도 쉽게 알 수 있다. 분당 신도시의 입주가 시작되던 무렵 이후 15년이 지난 현재 아파트 가격은 분양가 대비 20배, 토지 가격은 50~100배 정도가 뛰었다. 멀리서 예를 찾는다면 강남 개발이 있다. 강남은 개발된 시 30여 년이 흐른 지금 땅값이 평균 3,750배 뛰어올랐다. 사정이 이렇다 보니 개발 호재가 나오기만 하면 땅에 대한 '묻지 마 투자'가 고개를 든다.

땅 투자에 있어서도 유의해야 할 점은 한두 가지가 아니다. 재테크의 모든 분야가 그렇듯이 땅 투자 역시 많은 공부가 필요하다. 그런데 땅에 대해 공부하기는 쉽지가 않다. 땅값을 상승시키는 가장 강력한 요소는 개발 재료인데, 이러한 개발 재료에 접근하는 것이 결코 녹록지 않기 때문이다. 개발 정보가 비공개라서 그런 것이 아니다. 이미 대부분의 개발 정보는 정부 정책 발표로 공개되어 있다고 해도 과언이 아니다. 국토종합계획이나 수도권정비계획 또는 택지개발계획, 도시개발계획 등 거의 대부분의 정보가 공개되어 있다.

그렇다면 왜 개발 재료에 대한 접근성이 어려울까? 이유는 간단하다. 땅은 관련 법률도 복잡하게 얽혀 있고, 관련 정책도 부지기수여서 비록 정보가 공개되어 있다 할지라도 이를 깔끔하게 가공하고 쉽게 정리해놓은 분석 자료가 부족할 뿐만 아니라 땅에 대한 전문가도 쉽게 만날 수 없기 때문이다. 이런 경우에는 스스로 관련 법률을 공부하고 정부 정책을 분석하는 수밖에 없다.

수도권에 땅 투자를 해야 하는 이유

- 총 45조 원에 달하는 토지보상금의 절반이 수도권에 들어 있다.

- 지난 25년간 실시된 주거환경개선사업의 절반가량이 수도권과 대전에 집중되었다.(경북과 전남 등은 한두 건에 불과, 제주와 울산은 단 한 건도 없다.)

- 취업자 수 절반 이상이 수도권에 집중해 있다.

- 경제, 교육, 문화, 사회, 생활까지 전부 수도권에서 모든 것이 집중적으로 이루어지는 상황이다.

- 재테크로 주목받는 토지 투자의 경우에는 개발 이슈와 호재에 따라 수익률이 결정되기 때문에 이슈가 많은 수도권으로 몰릴 수밖에 없다.

서울 인구는 점점 수도권으로 빠지면서 줄어드는 추세다. 최근 3년간 서울에서 남양주, 고양, 분당 등으로 이동이 많았는데 그들이 서울을 벗어나 이동하는 이유는 비싼 집값, 업무 여건, 자녀 교육환경 등 여러 가지가 있겠지만 그렇다고 해서 막상 서울에서 멀리 떨어지려고 하지는 않는다.

서울과 한 시간 거리 내외이면서 산업과 교통이 발달한 수도권을 선호하는 요즘 덩달아 수도권 토지 투자가 이슈가 되는 건 자연스러운 이치다. 특히 올해에는 전국에서 공공사업, 3기 신도시 개발사업과 GTX 수도권광역철도망 등으로 총 50조 원에 달하는 토지보상금이 풀리는데 그중 절반이 수도권에서 토지보상이 이루어질 것이다. 토지보상금과 주택 시장 규제의 반사효과로 2021년 토지 시장에 투자 수요가 대거 몰릴 가능성이 높다. 역대 최고의 가장 많은 50조 원이 풀리면 토지 시장은 다시 요동칠 수 있다.

이 같은 엄청난 규모의 토지보상금은 투자 시장에 희소식일 수밖에 없다. 부동산 수용에 따른 토지보상금으로 인근 20km 내 다른 토지에 투자할 경우 취득세를 면제받기 때문이다.

토지보상금이 풀리면 인근 토지에 대한 재투자 수요가 늘어 주변 토지 시세가 오르는 경우가 많다. 토지 보상을 받은 땅 주인들은 안전 자산인 부동산을 다시 사들이는 경향이 강하다. 이번 정부 들어 가장 큰 규모의 보상이 이루어지는 만큼 상당한 유동성이 시장에 풀리는 효과가 있을 것으로 기대된다.

2018년에 평창 동계올림픽 호재가 있었던 강원도와 미군기지 이전,

제2판교테크노밸리, 과천 기업형 임대주택 등이 예정되어 있는 수도권 지역에서 투자 수요가 있었다. 특히 강원도는 평창올림픽을 앞두고 철도, 도로 교통망이 대폭 확충되면서 교통망을 따라 토지 가격 상승세가 계속되었다. 2018년 상반기에 개통된 동서고속도로(서울-양양)를 비롯해 연말에는 원주-강릉 복선전철이 완공되었다. 2017년에는 경기도 광주-강원도 원수 고속도로(제2영동고속도로), 속초-양양 고속도로, 동해-삼척 고속도로가 완공되었다.

경기 지역에서는 미군기지 이전, 평택국제화도시, 삼성전자·LG 산업단지 조성 등 다양한 개발사업이 진행 중인 평택을 비롯해, 대규모 주택단지가 조성 중인 하남과 남양주, 의왕에 개발 호재가 많은 편이다. 하남에서는 미사지구, 대규모 쇼핑몰, 지하철 5호선 연장 등의 개발사업이 진행되고 있다.

올해부터는 하남 감일지구에서 아파트 분양도 본격적으로 시작된다. 남양주에서는 진건·지금지구 일대에 다산신도시 조성과 지하철 8호선 연장 공사가 활발히 진행되고 있다. 의왕의 경우 백운호수 주변으로 롯데쇼핑몰과 대규모 주택사업이 이루어지고 있다. 서울은 강남구 삼성동 옛 한전부지 본격 개발 등의 호재에 힘입어 지가가 큰 폭으로 오를 것으로 보인다.

📍 개발 계획으로 보는 수도권 땅 투자

경부권역은 수원 화성부터 용인민속촌과 에버랜드를 연결하는 역사문화관광벨트, 그리고 제2경부고속도로가 통과하는 성남과 용인, 안성의 나들목(IC) 주변을 기준으로 개발될 예정이다. 또 서해안권역으로는 시화를 시작으로 평택을 지나 화성지구, 전략특구 개발 지역으로는 안산, 시흥, 광명권역의 광역권 개발과 거점도시 육성 지역을 기준으로 투자 계획을 세워야 한다.

경의선권역은 파주 문산을 기준으로 통일경제특구를 개발 예정이고, 경원권역은 동두천과 양주, 의정부로 이어지는 선발전 거점이 되고 있는 미군반환공여지 지역과 평화생태벨트 조성 지역이 개발될 예정이다. 동부권역은 경춘선과 중앙선, 성남에서 여주선의 역세권을 중심으로 제2영동고속도로의 나들목을 위주로 투자하는 것이 바람직하다.

인구로 보는 수도권 토지 투자

지가 상승에 대한 요인들은 다양하지만 이에 해당되는 지역의 공통점은 바로 인구 증가다. 예를 들면 2006년 LG디스플레이 입주를 통해 규모가 커진 경기도 파주의 경우 2000년 17만 명, 2005년 24만 명, 2010년 32만 명, 2015년 42만 명, 2016년 43만 6천 명, 2020년 12월 기준 46만 5,617명으로 점차 증가했다.

경기도는 각종 일자리가 많은 서울시를 에워싸고 있으면서 연계 교통수단이 발달하여 출퇴근 주거지로 좋다. 또 지역이 넓고 산업시설이 많이 입주해 있어 고용 인구의 이동에 따른 유입 인구 증가에 더하여 산업체, 물류설비, 관공서 및 아파트 밀집 지역이 많아 대도시의 고정적인 인구 자연증가가 지속되고 있다. 뿐만 아니라 도심의 아파트를 벗어나 전원주택이나 단독주택을 선호하는 주거 형태의 변화 추세도 한몫한다고 분석된다.

교통망으로 보는 수도권 토지 투자

신설 역세권이나 나들목 등을 위주로 투자 위치를 선정한다면 많은 역세권과 나들목 리스트를 놓고 그중에서 비용 대비 수익률이 좋다고 판단되는 대표적인 지역을 검토해보는 것이 최적의 토지 투자 방법이라고 할 수 있다. 철도망으로는 송산에서 홍성 사이를 연결하는 서해선 복선전철과 여주에서 충주를 거쳐서 문경을 연결해주는 중부내륙철도, 여주에서 원주를 거쳐서 강릉으로 연결되는 철도가 한창 건설 중에 있다.

3차 국가철도망으로 보면 GTX 구간의 역세권과 제2영동고속도로, 제2외곽순환도로 신설구간 제2경부고속도로, 구리-포천 간 고속도로, 홍천-양양을 연결하는 동서간 고속도로 등의 나들목이 최대의 땅 투자 유망지역이다.

입지로 보는 수도권 토지 투자

주로 나들목이나 신설 교통망을 중심으로 개발이 이루어진다. 수도권 주변 지역에서 토지 투자를 하기에 가장 입지가 좋다고 생각되는 지역은 외곽순환도로의 결절점이나 GTX 역세권이나 철도 역세권이 들어서는 위치가 우선이다. 그다음으로는 한강변이나 남한강, 북한강처럼 자연환경이 보존된 경관 좋은 곳에서 개발 가능성이 많은 전원주택 종류의 개발지를 우선 지역으로 보는 것이 좋다.

수익성으로 보는 수도권 토지 투자

수도권 인근 지역의 개발 호재가 있는 곳은 3~5년의 기간 안에 수익성을 기대할 수 있다. 토지 투자에는 3승 법칙(개발 발표 후-착공-개통)이 있다. 역세권 개발 과정에서 지가 상승이 크게 세 번에 걸쳐 세 배씩 상승하는 것을 말한다. 각 단계별로 3~5년 정도의 개발기간을 가지므로 수익을 보는 기간도 길다. 완공이 되고 개통이 되면 토지 가격이 많이 올라서 크게 수익을 내기 어렵지만, 착공했을 때 투자하면 3~5년 안에 큰 수익을 본다.

토지 투자는 장기적으로 접근하는 것이 수익을 기대할 수 있는 올바른 방법이다. 또한 중장기적 관점을 가지고 수도권 내로 여러 곳에 분산하여 투자하는 것이 바람직하다.

제3차 국가철도망 구축 계획

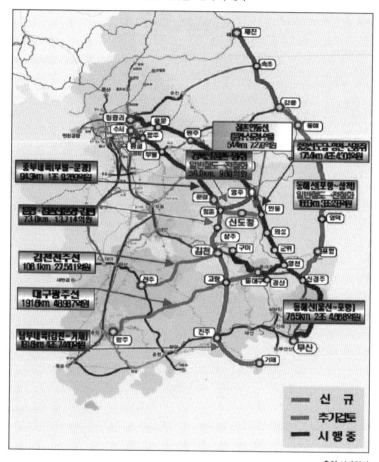

출처 이데일리

GTX 노선, 신안산선 노선도 및 환승센터 기본 구상

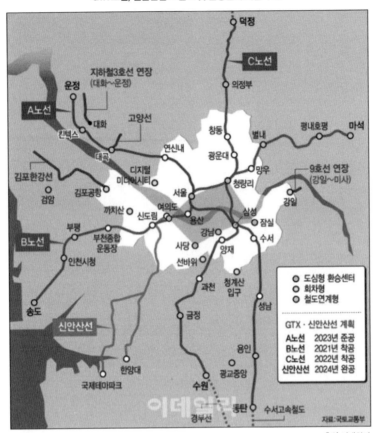

출처 이데일리

일하지 않아도 평생 굴러가는 부자 시스템

수학에서 가장 기본이 되는 것은 개념이다. 개념을 모르면 응용이 안되어 어려운 문제를 풀지 못한다. 자본주의도 마찬가지다. 자본주의의 개념을 모르면 투자할 때 어떻게 해야 할지 모를 수밖에 없다. 그러므로 생산의 3요소인 토지, 노동, 자본의 개념을 먼저 살펴보기로 하자.

생산의 3요소는 왜 중요할까? 바로 이것을 통해 우리가 돈을 벌기 때문이다. 주유소를 경영한다고 가정할 경우 주유원(노동)과 주유장소(토지), 석유·주유기·주유탱크 등(자본)이 필요하다. 지금까지 우리는 어떻게 돈을 벌어왔을까? 거의 대부분의 사람들이 세 가지 요소 중 노동에만 의지하여 돈을 벌어왔을 것이다.

수많은 사람들이 토지나 자본은 이용하지 않고, 그 개념도 잘 모르고 있다. 어쩌면 우리나라의 노인 빈곤 비율이 세계 최고인 이유가 바로 이 때문이 아닐까? 노동력이 떨어지는 60대 이후에는 더 이상 노동으로 부를 창출하기 힘들어지는데 지금까지 모아둔 돈도 없고, 자본이나 토지가 돈이 되도록 만들지도 못했기 때문이다.

그렇다면 토지, 노동, 자본을 골고루 이용해 최대한의 부를 창출하려면 어떻게 해야 하는지 하나하나 살펴보자.

첫 번째, 노동력은 어떻게 활용해야 할까? 우리나라가 발전한 주된 원동력은 질 좋고 풍부한 노동력이었다. 그리고 그 이면에는 학부모들의 헌신적인 교육열이 있었다. 그로 인해 우리나라는 학력 면에서 보자면 야구의 메이저리그나 축구의 프리미어리그와 마찬가지라고 할 만한 수준이 되었다. 수학올림피아드를 비롯한 각종 세계대회에서 우리나라가 상위권을 휩쓸고 있는 것만 봐도 알 수 있다.

두 번째로 토지를 이용하는 방법을 살펴보자. 노동은 자신이 일을 하는 것이다. 그러나 토지와 자본은 그렇지 않다. 토지는 토지가 일하게 하는 것이고, 자본은 자본이 일하는 것이다. 즉, 생산의 3요소 중에서 토지의 개념은 일하는 주체가 사람이 아니라 토지 자체다.

노동 이외에 토지와 자본이 왜 중요할까? 바로 인간은 60세 이후 노동 능력이 떨어지기 때문이다. 그래서 필히 젊을 때부터 토지와 자본이 일할 수 있도록 그 기반을 마련해둬야 한다. 토지가 일하도록 만드는 방법에는 크게 세 가지가 있다.

먼저 부동산을 소유하고 임대를 놓아 월세 소득을 올려야 한다. 그중에서도 서민이 할 수 있는 방법은 레버리지를 이용해 월세 소득을 얻는 것이다.

그다음으로 전세를 끼고 매입하는 방법이 있다. 전세를 끼고 매입해서 보유하고 있다가 파는 것이다. 예전에 부동산이 폭등하던 시절에는 이것 외에 다른 방법이 없었다. 우리나라의 경제 발전과 인플레이션이 극심하던 시절, 이 방법은 아주 좋은 재테크 수단이었다. 그러나 점차 부동산의 상승세가 꺾이고 출산율 감소로 인구 정체가 예상되는 상황에서 이 방법을 사용하는 것은 조금 위험해졌다. 다만 서울 역세권의 임대 수요를 노리고 전세를 끼고 매입하는 방법은 그리 나빠 보이지 않는다. 단점으로는 재산세나 종부세가 나가는 것에 비해 나에게 돌아오는 이득이 별로 없으며, 큰돈을 벌기 힘들다는 점이다.

끝으로 토지 투자 방법이 있다. 싼 가격에 토지를 매입하되 여윳돈으로 해야 한다. 그리고 저축하듯이 매월 강제로 저축하는 개념의 투자로 임해야 한다. 이 투자는 자본이 돈을 버는 개념과 동일하다. 자본 투자와 차이가 있다면 유망한 곳의 토지를 사기 힘들다는 것이다.

자본 투자의 대표적인 예는 주식을 사는 것인데, 주식은 아무리 비싸도 몇 백 수준이지만 유망한 곳의 토지 투자는 몇 백으로는 불가능하다. 유망한 곳이라 해도 개발 계획이 있거나 용도 구역이 좋은 정도인데, 사서 바로 수익을 얻을 수 있는 것이 아니라면 큰 장점이 아니다. 즉, 돈은 낳이 늘어가는데 어제 사서 오늘 팔아 수익을 낼 수도 없다.

한국의 땅값은 지난 50년간 3천 배 오른 것으로 나타났다. 대지 가격 상승률이 밭의 두 배에 달하는 등 보유한 땅 종류에 따라 자산의 희비가 엇갈렸다.

한국은행이 2015년 11월 16일 발표한 〈우리나라의 토지자산 장기시계열 추정〉 보고서에 따르면 한국의 명목 토지자산 가격 총액은 1964년 1조 9,300억 원에서 2013년 5,848조 원으로 늘어났다. 50년 사이 3,030배가 된 것이다. 토지의 제곱미터당 평균가격은 1964년 19원 60전에서 2013년 5만 8,325원으로 2,976배가 됐다. 도로와 다리 등을 비롯한 기타 용지는 34원에서 10만 5,762원으로 3,111배까지 뛰었다.

반면 밭값은 제곱미터당 44원 60전에서 4만 3,296원으로 971배 오르는 데 그쳤다. 논값은 32원 30전에서 4만 7,867원으로 1,482배 상승했다. 단위 면적당 논가격이 밭가격을 추월한 것이다. 전체 지가 총액에서 논밭과 임야가 차지하는 비중은 57.2%에서 23.7%로 낮아졌다. 대지의 비중은 28.8%에서 50.8%로 뛰었다. 조태형 한은 국민계정부 국민BS팀장은 "대지와 기타 지목 가격이 크게 오른 것은 경제개발과 교통망 구축이 활발하게 이루어졌기 때문"이라고 설명했다. 이 기간의 땅값 상승률 3,030배는 국내총생산GDP 증가율인 1,933배보다 높다. 토지자산 가격 총액 GDP 대비 비율은 평균 392%를 나타냈다. 1970년과 1991년엔 500%를 넘기기도 했다.

지가 총액에서 정부가 소유한 몫은 13.2%에서 26.1%로 두 배가 됐다. 교통망 구축을 위해 논밭과 임야 등을 민간에서 사들인 데 따른 것으로 보고서는 분석했다.

자본주의 사회에서 큰 부자는 땅 부자, 주식 부자, 사업을 경영하는 부자라고 할 수 있다. 임대를 해서 부자가 될 수 없고, 월급쟁이로 부자가 될 수 없다. 그러나 땅 투자로는 부자가 될 수 있다. 단, 여기에는 원칙이 있다. 매월 일정량의 돈을 모아 땅으로 저축하는 것이다.

세 번째, 자본이 일하도록 만들려면 어떻게 해야 할까? 노동이 힘을 다했을 때 대리운전이나 편의점 알바 등을 하지 않으려면 토지나 자본으로 저축을 해둬야 한다.

먼저 예금과 채권을 이용하는 방법이 있다. 예금이자가 10% 넘던 시절이 있었다. 이때에는 3~4년만 지나면 원금의 배를 예금으로 벌 수 있었다. 하지만 지금의 이자율로는 70년이 지나야 원금의 두 배가 된다. 지금 시대에 노동으로 벌어들인 돈으로 예금만 하는 것은 노후에 가난해지는 가장 빠른 길이다. 물론 위험부담은 좀 있지만 금리가 높은 신흥국에 예금과 채권을 묻어놓으면 그 돈이 열심히 일을 하니 아주 현명한 방법이다.

다음으로 주식을 똑똑하게 사야 한다. 주식은 대기업 혹은 유망기업과 동업을 하는 것이다. 내가 1990년대에 삼성의 반도체를 만드는 곳에 연구원으로 취직했다고 가정해보자. 1990년대 중반만 해도 2만 원이었던 삼성전자 주식은 150만 원까지 올라갔다. 주가는 무려 70배가 뛰었다. 삼성은 세계 제일의 반도체 회사가 되었다. 그런데 지금 나는 구조 조정 대상이고, 결국 명퇴를 당했다면? 그것도 40대 중반에 말이다. 연봉은 꽤 많았지만 생활비와 사교육비로 다 써서 지금 남은 돈이 별로 없고, 재취업도 막막해진다. 이게 바로 현실이다.

나는 무엇을 잘못한 걸까? 가장 잘못한 점은 자본을 이해하지 못했다는 것이다. 자본이 일할 수 있다는 사실을 간과한 것 말이다. 노동만이 일을 하는 것이라고 생각한 것이 잘못이다. 만약 자본의 개념을 조금만 빨리 이해했다면 구조조정을 당하더라도 제2의 인생을 살 수 있었을 것이다.

1990년대 초반에 2만 원 하던 주식을 1천만 원어치만 샀더라면 지금은 7억이 되어 있을 것이다. 아니, 자본의 개념을 이해했다면 매월 자신의 월급에서 일정량을 떼어서 유망한 주식을 샀을 것이다. 노동력이 있는 60세까지는 노동으로 돈을 벌고, 노동력이 줄어드는 60대 이후에는 자본이나 토지가 일하도록 만들어야 했다. 그런데 이러한 개념을 이해하지 못한 나는 40대 중반에 회사에서 명퇴를 당하고 나서야 무엇을 잘못했는지 뒤돌아본다. 그러나 이마저도 모르는 사람이 태반이다.

그럼 주식은 어떻게 사야 할까? 매월 꾸준히 일정량을 사야 한다. 대신 사기만 하고 팔지는 말아야 한다. 매도 기간은 은퇴 이후로 잡아야 한다. 30대에 시작했다면 30년간 주식을 팔지 않고 사기만 해야 하는 것이다. 이 개념은 아주 중요하다. 잡주를 사면 안 되고 우량주, 100년을 가는 기업의 주식을 사야 한다. 미래가치가 있는 기업의 주식을 사야 한다. 또한 주가가 떨어지면 호재라고 생각하면 된다. 30년간 주식을 사야 하는데 외환위기가 와서 10분의 1 토막이 되었다면 주식을 아주 싸게 살 기회가 온 것이니 이때 더 사야 한다. 그래야 외풍에 시달리지 않게 된다. 미국이 금리를 올리건, 그리스에 금융위기가 오건, 유럽 중앙은행이 양적 완화를 하건, 호황이 오건 문제되지 않는다. 30년이란 시간이 지나면 지금 FRB가 이자율을 올릴지 말지에 관한 뉴스는 2016년인지, 2015년인지조차 기억에서 사라진, 아주 작은 에피소드에 불과한 일이 될 것이기 때문이다.

주식에 투자했다면 주식 시세표를 보지 않고, 사둔 종목을 꺼내 보지 않고, 신문의 증권란을 보지 않고, 경제기사에 일희일비하지 않아야 한다. 그리고 매월 꾸준히 일정량을 사는 것이다. 그러면 30년간 자본이 꾸준히 일을 해서 은퇴할 시점에 큰돈이 만들어질 것이고, 그 후에도 내가 죽을 때까지 자본이 알아서 돈을 벌게 된다.

자본을 축적하려면 해야 할 일이 있다. 쓸데없는 데 쓰는 돈도 줄여야 한다. 친구들과 술도 마시지 말고, 돈을 허투루 쓰지도 말고, 외식하지도 말고, 놀러 가지도 말고 아끼고 아껴서 생활비를 쓰고 그 나머지를 주식과 토지로 저축하는 것이다.

한 가지 더, 우리나라의 주식은 생각보다 어려울 수 있다. 미국의 모든 것은 일본이 빼앗아갔고, 일본의 모든 것은 한국이 뺏어왔다. 그리고 한국은 앞으로 중국에게 모든 것을 뺏길 것이다. 그러면 어느 나라 주식에 투자해야 하는지 답이 보일 것이다.

다시 정리하자면 노동력이 있는 기간은 토지와 자본을 만들기 위한 준비기간인 셈이다. 부지런히 토지와 자본을 만들어야 한다. 노동력이 있을 때 토지와 자본을 모으지 않으면 평생 일하다 은퇴 후 죽을 때까지 또 일할 수밖에 없다.

은퇴 준비, 더 이상 미뤄서는 안 된다

'은퇴' 혹은 '노후' 하면 어떤 생각이 떠오르는가? 은퇴 준비를 40대에 하겠다고 생각하면 이미 늦다. 50대 이후는 말할 것도 없다. 지금 당신이 20대이든 30대이든, 은퇴 준비는 하루라도 빨리 시작하는 것이 진리다. 내가 꿈꾸는 은퇴 후의 생활을 구체적으로 그리며 지금 당장 계획하고, 준비하고, 그것을 실행에 옮겨야 한다. 사회제도도, 국가도 우리의 노후를 보장해주지 않는다. 금융권에서 홍보하는 그 많은 보험과 연금도 은퇴 부자가 되기에는 턱없이 부족하고 불안정하다. 앞으로도 물가는 끊임없이 가파른 속도로 상승하고, 화폐가치는 계속 떨어질 것이다.

지금 금리 0.1%를 따져가며 은행에서 맴돌고 있을 때가 아니다. 당신의 금융 자산을 하루빨리 실물 자산으로 전환할 방법을 찾아야 한다. 아직 젊다고 생각하는가? 은퇴는 여전히 남의 일로만 여겨지는가? 은퇴 준비는 돈 있는 사람들만 하는 거라고 생각하는가? 꼬박꼬박 월급 통장에서 보험료가 빠져나가고 있으니 노후 생활도 보장된 것 같은가? 잘나가는 자식이 있으니 든든할 것 같은가? 만약 그렇게 생각한다면 지금 당장 그러한 마취와 착각에서 깨어나길 바란다.

지금 당장 생각을 전환하지 않으면 누구든 은퇴 거지가 될 수 있다. 당장 내일 일도 깜깜한데 앞으로 10년을 어떻게 전망하겠는가. 다만 우리에게는 과거가 있고, 그 과거는 미래의 큰 길잡이가 되어줄 것이다. 무엇보다 중요한 것은 실천과 실행이다. 실천의 첫걸음은 바로 공부다. 정보화 시대에 우리는 대부분 균등하게 자산관리에 대한 정보를 접할 수 있다. 그렇다면 그 정보를 얼마나 고급 정보로 가공해 이용할 수 있는지는, 결국 공부에서 판가름 난다.

스스로 공부하지 않고 유행처럼 번지는 자산관리 비법만 따라 해도 우리의 가계가 풍성해질까? 한두 번은 그럴 수도 있다. 하지만 그것이 자신에게 맞는 방식이 아니라면 결국 낭패가 될 수 있다. 성공 투자를 원한다면 내 투자 성향이 어떤지를 먼저 파악하는 것이 가장 중요하다.

잘못된 투자 습관은 일찌감치 버려야 한다. 한 전문가는 개인투자자들이 실패하는 원인 세 가지를 다음과 같이 꼽았다.

"마인드 컨트롤을 못하고, 매매 타이밍을 놓치며, 가치 투자의 오류에 빠져 있다."

적은 수익을 현실화해서 중간에 이익을 끊어버리거나, 손해를 손절매하지 않고 길게 끌고 가는 습관은 결국 손실을 키운다. "누구는 어디에 땅을 샀는데 열 배가 올랐다더라", "누구는 주식에 투자해서 사업 자금을 마련했다더라" 등의 소문은 항상 무성하다. 그런 소식을 접하면 '그동안 나는 무얼 했나' 하는 자괴감도 들 수 있다. 하지만 자산관리에서 다른 사람의 수익률과 나의 것을 비교하며 일희일비하는 것은 무의미하다.

물론 투자는 골방에 앉아 혼자 하는 것이 아니다. 스터디 그룹에도 참여하고, 친구들도 자주 만나고, 모르는 사람들과도 이야기를 나누는 것은 필요하다. 그 와중에 진실된 멘토를 만나야 한다. 성공한 사람들의 포장된 경험이 아닌 실제 경험치를 알려주는 멘토, 힐링이 아니라 현실적인 조언을 해줄 수 있는 멘토를 찾아야 한다. 그리고 강의를 찾아 다녀라. 거기서 만나는 멘토는 당신이 멀리 돌아오던 길을 직선거리로 안내할 것이다. 필요하다면 그를 고용하라. 그것이 시간과 돈을 버는 가장 좋은 길이다. 은퇴 후를 대비하여 바로 지금부터 움직여야 한다.

📍 은퇴 후 절대 하지 말아야 할 것들

가정주부 K씨(46세)는 부동산에 유독 관심이 많았다. 당연히 부동산으로 은퇴 준비까지 끝낼 계획을 세워뒀다. 그래서 여러 종목의 부동산 이곳저곳에 투자를 해뒀다. 그런데 생각과 달리 결과는 엉망이 돼버렸다. 부동산에 대해 무지했을 뿐만 아니라 결정적으로 귀가 얇은 것이 문제였다. 테마 상가는 유동인구가 많은 동대문 지역이 좋다는 말만 믿고 덥석 투자했다가 지금까지 임차인을 구하지 못해 관리비만 내고 있다. 또 계모임에 나갔다가 개발 이슈가 있는 강원도 땅이 나왔다는 친구 말만 믿고 선뜻 투자했다가 수익을 못 올리고 있다. K씨는 그냥 몇 년 묻어두기만 하면 무조건 돈이 되는 줄 알았다. 무모한 투자의 결과치고 감당해야 할 손해는 씁쓸하기 그지없었다.

은퇴 후 부자가 되기 위해 절대로 하지 말아야 할 것 세 가지가 있다.

첫 번째, 수익이 나지 않는 부동산을 방치한 채 새로운 투자를 물색해서는 안 된다. 새로운 투자가 중요한 게 아니라 비수익성 부동산을 처분하는 것이 급선무다. 잘못된 투자는 바로잡아야 한다. 잘못된 것을 먼저 빠르게 바로잡고 나서 또 다른 투자를 생각해도 늦지 않다.

두 번째, 고수익 금융 상품을 좇아서는 안 된다. 은퇴 전후의 5060세대들이 가장 쉽게 당하는 것이 바로 금융 사기다. 고수익으로 유혹하면 당할 재간이 없다. 하지만 은퇴 후에는 고수익보다 원금을 안전하게 지키는 것을 더 우선시해야 한다.

세 번째, 철저한 준비 없이는 절대 자영업을 하지 말아야 한다. 은퇴에 돌입한 많은 베이비부머들이 음식점 창업에 열을 올리고 있다. 음식점은 다른 업종에 비해 진입장벽이 낮기는 하지만, 그만큼 경쟁이 치열해 창업자 열 명 중 아홉 명이 폐업을 하고 있는 것이 현실이다. 경험이 없는 음식점 창업은 은퇴 후 절대로 하지 말아야 할 것 중의 하나다.

📍 한 단계씩 차근차근 투자 요령을 익혀라

전 세계 최대의 검색 사이트는 바로 '구글'이다. 구글이 기업가치를 2010년 2조에서 2017년 4월 기준 762조까지 끌어올릴 수 있었던 것은 준비된 상태에서 운과 기회를 잡았기 때문이다. 경부고속도로는 개통 이후 50만 배나 지가가 상승했다. 한국은행이 2015년 발표한 토지 가격은 50년 동안 평균 3,030배가 올랐다. 결국 성공적인 부동산 재테크를 위해서는 운과 기회도 필요하지만 때가 왔을 때 투자할 돈 그리고 경험이 있어야 한다.

사실 재테크를 함에 있어 특별한 대박을 기대한다는 것은 어불성설이다. 더욱이 지금 같은 저성장시대에 그것은 환상에 불과하다고 할 수 있다. 투자의 어느 분야에서나 마찬가지겠지만, 대박을 좇는다는 것은 신기루를 따라가는 것과 같다.

초보투자자라면 조급해하지 말고 한 단계씩 차근차근 투자 요령을 익혀야 한다. 수익률이 아니라 종잣돈부터 마련한다고 생각하자. 짧은 단기 적금으로 시작해서 만기 적금을 받아보면 어떤 성취감이 생긴다. 이런 식으로 돈을 모으는 경험을 맛보는 것이 중요하다. 그러면서

0.1%라도 수익률이 높은 곳을 찾게 되고, 또 자연스럽게 주식과 채권, 부동산 수익률과 비교하면서 시야를 넓혀가게 되는 것이다.

부동산 투자 요령은 크게 다섯 가지로 나눌 수 있다.

첫째, 기대 수익을 정하라. 일반적으로 부동산은 장기적으로 투자해야 하는 특성을 가지고 있다. 투자자가 관리하지 않으면 투자 기간이 한도 끝도 없이 무작정 길어질 수 있다. 따라서 기대 수익률이 실현되면 욕심을 버리고 처분해야 한다.

둘째, 자본 수익을 챙겨라. 부동산은 가구가 아니다. 가구는 공장도 가격에 매입해 새것처럼 사용하다 처분해도 똥값이다. 하지만 부동산은 수리만 조금해서 처분해도 자본 수익이 생긴다. 따라서 부동산은 매입금액에 연연하기보다 미래가치, 즉 자본 수익에 더 신경 써서 투자해야 한다.

셋째, 약이 되는 정보를 골라라. 부동산 투자에 있어서 정보는 약이 될 수도, 독이 될 수도 있다. 쏟아져 나오는 정보들과 투자 분위기에 편승하여 잘못된 정보를 가지고 막차를 타는 투자 행위는 지양해야 한다. 부동산 정보를 있는 그대로 믿고 투자하는 것은 바보짓이다. 현장 확인을 통해 진짜 약이 되는 정보인지 확인하고 투자해야 한다.

넷째, 세금에 겁먹지 마라. 부동산은 매매 금액이 고가여서 그에 따르는 세금도 커 보인다. 당연히 세금도 투자 원가에 포함시켜 자본 수익을 계산해야 한다. 세금을 감안하고도 자본 수익이 보이면 투자하는 것이다. 세금에 과민반응 하다가 적절한 투자 시기를 놓치는 일은 없어야 한다.

다섯째, 과감하게 실행하라. 부동산은 가격이 더 상승할 것이라는 기대감으로 자본 수익에 과도한 욕심을 부리면 오히려 손해를 볼 수도 있다. 부동산은 환금성에 취약하다. 이런 점을 감안해 기대 수익률이 실현되고 매수자가 있으면 미련을 두지 말고 과감하게 팔아버려야 한다. 특히 머릿속으로만 이것저것 재보다가 좋은 기회를 놓치고 막상 끝물에 나섰다가 데이는 일이 많은데, 부자들은 한번 의사결정을 하면 과감하게 실천에 옮긴다. 공감했다면 과감하게 행동으로 옮기자. 실행이 그 무엇보다 중요하다.

좋은 땅에 투자하는 토지 분석법

아마 이 책을 읽는 독자의 대부분이 '좋은 땅'에 '저렴하게' 투자하기 위해 노력하고 공부하고 있을 것이다. 결국 우리의 궁극적인 목표는 '투자 가치가 있는 좋은 땅'을 갖는 것이다. 그렇다면 안목을 기르는 간단한 토지 분석법에 대해 몇 가지 알아보자.

첫 번째, 주소를 확인해야 한다. 누군가의 추천을 받거나 본인이 직접 토지를 발견했을 때 처음으로 확인하게 되는 것은 주소다. 이 주소로 '네이버'나 '다음'의 지도를 확인하는 것도 좋지만, 우선적으로 해야할 것은 '토지이용계획'을 확인하는 것이다. 토지이용계획을 통해서 해당 토지에 지금 어떤 규제가 있는지, 어떤 용도로 활용할 수 있는지 확인 가능하다. 또 미래에는 어떻게 변화할지도 살펴볼 수 있는데, 지금의 상황을 알 수 있는 지표로 투자할 만한 땅인지 확인하는 작업이기 때문에 대충 해서는 안 된다.

두 번째, 주변 호재를 탐색해야 한다. 토지가 건강한지, 정상적인 것인지 확인을 했다면 이 땅의 지가가 앞으로 얼마나 오를 것인지도 확인해야 한다. 즉, 해당 지역의 호재를 살펴보는 것이다. 예를 들면 시·군·구청의 사업 계획을 살펴보거나 이미 개발 호재가 유력한 지역이라면 해당 토지와의 거리는 어느 정도인지 확인하자. 개발 사업이 예상되는 곳이라면 그 사업의 주체가 국가인지, 민간인지를 확인하고 고용 유발과 유입 인구가 어느 정도인지도 눈여겨봐야 한다. 무엇보다 해당 지역의 교통이 어떻게 발달할 것인지를 확인해야 하며, 서울과의 거리와 편의성이 짧아질수록 토지의 지가는 상승한다고 보면 된다.

세 번째, 현장답사는 당연히 필수다. 개발 계획도, 유치사업도, 입지도 좋다고 생각된다면 직접 내 발로 방문을 해보는 것이 좋다. 토지의 경우에는 아직 시골 땅처럼 주변에 아무것도 들어서지 않았을 가능성이 높은데 실제로 땅의 모양은 어떤지, 주변 시가지와의 거리는 얼마나 되는지 직접 운전하고 느껴보는 것과 설명만 듣는 것은 다르다. 예를 들어 차량으로 5분 거리라고 하더라도, 직선도로와 꼬불거리는 도로로 운전해 가는 것의 체감 시간이 전혀 다른 것과 마찬가지다. 주변의 교통 편의성은 얼마나 좋아질지에 대해서도 미리 확인하는 것이 좋다.

네 번째, 시세를 확인해야 한다. 주변 시세는 구매 직전 단계까지 갔을 경우에 확인하는 것이다. 간단하게는 내 토지 주변의 주소를 국토부 실거래가 조회를 통해 알아보는 방법도 있으나, 아직까지는 그렇게 정확하지 않은 관계로 지역 부동산에 연락해 내 토지 주변의 가격 시세를 확인해보는 것이 좋다. 단, 토지라는 것은 바로 옆의 땅과도 시세가 완전히 다를 수 있다. 우리 눈에 보이지 않는 다양한 규제에 속해 있을 수도 있고, 거리나 교통 편의, 토질의 차이 등으로 인해 가격대가 적게는 10만 원에서 50만 원까지 차이 나기도 한다. 같은 토지는 없기 때문이다. 그러나 비상식적으로 바로 옆의 땅과 몇 백만 원의 차이가 나는 경우에는 당연히 의심해봐야 할 것이다.

마지막으로 조언자를 구해야 한다. 좋은 땅을 발견하여 나만의 방법으로 투자 분석을 했다면 마지막으로 전문가를 통해 한 번쯤 조언을 받는 것이 좋다. 그들의 생각과 내 생각이 일치하는지를 확인해보는 것도 좋은 공부가 된다. 마치 스터디를 하는 것과 같은 이치다. 이 단계에서 내가 그동안 토지를 분석하며 공부했던 방대한 지식이 진정한 내 것으로 흡수될 수 있다. 혹은 내가 미처 발견하지 못한 문제점을 찾아주는 보험 역할을 하거나, 생각지도 못한 토지의 활용 방법에 대해 알게 될 수도 있다. 그러므로 조언자의 힘을 빌리는 것을 부담스러워하지 말아야 할 것이다.

위의 다섯 가지는 토지 분석의 가장 기본적인 단계다. 혼자서 하는 셀프 토지 분석에서 위의 방법들을 잘 활용한다면 자신의 안목이나 투자할 토지에 대한 가치 분석에 효과적으로 작용할 수 있을 것이다.

⚲ 소액으로 시골 땅에 투자하는 방법

소액 투자를 하든, 혹은 미래가치가 높은 토지에 투자를 하든, 귀농용 토지를 찾든 간에 대부분의 토지 투자자들이 만나게 되는 땅은 바로 시골 토지다. 시골 토지는 앞서 말한 바와 같이 토지 중에서도 가장 시세가 낮은 편인데 개발 호재에 따라 미래가치가 높아지기도 하며, 귀농 인구가 늘어남에 따라 인기도 많아지고 있다.

시골 토지에 투자를 하기 전에 실제로 시골 일손을 도우며 얻은 정보가 생각보다 고급 정보인 경우도 있다. 이것은 누구보다 빨리 소액으로 나온 땅을 선수 칠 수 있는 방법이 되기도 한다. 만약 내가 간절히 원하는 지역이 있다면, 해당 지역을 자주 방문하며 동네 분들과 말벗을 해보는 것으로 토지 투자를 준비하는 것이 좋다. 처음에는 '이상한 외지인일세'라며 잔뜩 경계를 하다가도 자주 얼굴을 들이밀다 보면 얕은 정이라도 쌓이기 마련이다.

특히 귀농이나 귀촌을 준비하는 사람이라면 원하는 지역의 마을 사람들과 얼굴을 익혀야 할 것이다. 시골 인심이 제아무리 후하다고 하더라도 그것은 그 공동체 안에서의 일이다. 외지인에 대한 경계가 가장 높은 곳 역시 시골이다. 일손을 도우며 얼굴도 익히고, 농사 방법이나 귀촌에 대한 기본 지식을 알아가는 것만으로도 지자체에서 운영하는 귀촌 교육만큼이나 유익하다. 교육비 겸, 술값 겸 얼굴을 트고, 말을 트다 보면 깨알 같은 개발 정보 등도 조금씩 얻게 될 것이다.

단, 자신이 아는 만큼 보인다고 무작정 들이대는 것은 오히려 역효과가 날 수 있다는 사실을 기억하라. 나의 무지를 역이용당해 손해를 보는 경우도 너무나 많다. 옥석을 고르는 눈과 정보를 걸러낼 줄 아는 귀를 가진 이에게 행운은 찾아온다.

📍 연령대별 토지 추천

토지에 투자하는 사람들의 특징은 대부분 '안전성'을 최우선으로 생각한다는 것이다. 당장 눈앞의 돈을 보고 투자하는 것이 아니라 시간이 걸리더라도 확실한 수익을 원하는 사람들이 주로 토지 재테크를 시작한다. 하지만 현실적인 문제인 '투자금'에 따라 어떤 토지에 투자해야 할지 난감해하는 사람들도 있다. 그런 사람들을 위한 연령대별 가이드라인을 제안한다.

먼저 20대 후반~30대 후반 투자자들과 같이 상대적으로 자산의 여유가 없는 사회초년생들은 소액으로 미래가치가 높은 곳에 투자하는 것이 좋다. 사실 말이 쉽지, 미래가치가 높은 투자처가 여기저기서 손을 흔들고 기다리지는 않을 것이다. 이때 국가정책사업을 잘 활용하는 것이 답이 된다. 기간이 오래 걸리더라도 반드시 개발이 이루어지는 곳에 투자하면 40~50대 이상이 되었을 때에는 아마 큰 자산이 되어 있을 것이다.

40대~50대 후반 투자자들은 아이들 교육비, 생활비, 전세금 및 각종 세금 등으로 드는 돈이 많다. 그러나 한편으로는 여윳돈도 어느 정도 모이는 시기다. 이때에는 가장 전략적인 토지 투자를 진행해야 한다. 지금 투자하는 것이 노후 생활과 밀접하게 연관되기 때문이다. 귀농을 고려하는 사람은 작은 귀농용 토지에 투자해 귀농 준비를 해보는 것도 좋고, 추후 임대사업을 계획하고 있다면 3~5년 후 완공 예정인 산업단지 인근 토지를 알아본 다음, 은퇴 이후에 임대사업을 하는 것도 좋은 방법이다.

60대 이후의 투자자들은 조용하고 경치 좋은 귀촌 지역이나 전원주택 생활을 원하는 경우가 많다. 이때에는 투자 역시 수익형 부동산과 토지 투자를 함께 진행하는 것이 심적인 면에서도 도움이 될 것이다. 단기 투자로 큰 차익을 원하는 사람들도 있기 때문에 여력이 된다면 평택 지역처럼 수도권과 가깝고, 개발이 빠르게 이루어지고 있는 지역을 추천하고 싶다.

토지는 환금성이 빠른 재테크 투자처가 아니다. 따라서 어느 정도의 '여유자금+대출'을 이용하는 것이 바람직하다. 무리하게 투자금의 대부분을 대출로 이용하게 되면 자칫 낭패로 이어질 수 있기 때문이다. 다행히도 최근에는 저금리 대출이 가능해지며 토지 재테크 환경이 좋아진 편이다. 전략적인 토지 투자로 성공적인 미래를 그려나가기를 바란다.

부자처럼 생각하고, 부자처럼 행동하라

부자는 분명한 꿈과 목표를 가지고 있다. 부자가 되려면 대한민국 경제를 내 손안에 쥐고 있을 정도가 되어야 한다. 그런데 경제 흐름을 잘 몰라서 아무 데나 투자했다가 낭패를 보는 경우도 있고, 오랫동안 지가가 상승하지 않아 고생하는 경우도 있다. 우리는 정보화 시대에 살고 있고, 정보는 곧 돈이다. 정보를 잘 활용해 아무 데나 투자해서는 안 된다.

무엇보다 나를 먼저 변화시켜야 한다. 나의 이미지를 가꾸어야 하는 것이다. 성공하고 싶으면 성공한 사람처럼 생각하고, 성공한 사람처럼 옷을 입어야 한다. 그렇다고 해서 몇 십만 원, 몇 백만 원짜리 옷을 입으라는 뜻이 아니다. 옷은 우리의 행동과 감정에 영향을 미치고, 우리의 인격을 직간접적으로 표현하기 때문에 다른 사람에게 신뢰감을 줄 수 있는 복장을 해야 한다는 것이다.

이제부터 부자처럼 생각하고, 부자처럼 행동하기 위한 다섯 가지 원칙을 소개하고자 한다.

첫째, 돈이 있을 때에도 아끼지 않으면 절대 부자가 될 수 없다. 부자는 자기 것이 아니더라도 항상 아껴 쓴다. 그것은 평소 몸에 밴 절약 습관이기도 하지만, 비효율적으로 낭비하는 것을 몹시 싫어하기 때문이다. 자기 것이 아니더라도 아껴 쓰고 효율성을 높이기 위해 항상 노력한다. 이러한 사소한 차이가 쌓여서 부자와 가난한 사람을 운명적으로 갈라놓는다.

가난한 사람은 약간의 여유가 생기면 바로 원하던 소비를 촉진해서 다시 원래의 가난한 상태로 되돌아간다. 하지만 부자는 참고 인내하며 약간의 여유를 항상 투자와 관련시켜 미래의 큰돈으로 만든 다음, 거기서 나온 돈으로 참고 미루었던 소비를 한다. 가난한 사람들의 사고방식, 생활습관, 그리고 미숙한 투자와 그로 인한 손실은 항상 가난을 반복되게 한다. 부자가 되려면 가난한 사람들의 반복되는 패턴과 단절해야 한다.

둘째, 부자가 되려면 돈에 관한 전문가들과 어울려야 한다. 부자가 되려면 돈에 관한 전문가들을 많이 알고 자주 만나야 한다. 돈은 돈을 부르고, 성공은 성공을 부른다. 그들과 함께 저녁 시간을 보내라. 돈에 관한 전문가들을 만나서 공부한다면 누구나 부자가 될 수 있다. 그들의 경험과 지혜를 배워라.

셋째, 부자의 지도를 손에 넣어라. 부자는 부의 지도를, 가난한 사람은 가난의 지도를 가지고 있어서 각자 이것을 반복하며 생활한다. 따라서 인식의 지도를 부자의 것으로 바꾸는 것이 중요하다. 인식의 지도로 인해 모두에게 공평한 기회가 주어져도 부자는 다시 부자가 되고, 가난한 사람은 또다시 가난해진다.

넷째, 세상에는 나와 다른 생각과 행동을 하며, 경제적으로 나보다 부자인 사람들이 훨씬 많다는 것을 깨우처라. 이 세상에는 나와 같은 사고방식을 가지고 재산 상태가 비슷한 사람들만 사는 것이 아니라 나와는 다른 행동을 하고 다른 사고방식을 가진 사람들, 그리고 나보다 잘사는 부자들이 훨씬 더 많다는 것을 빨리 깨우치고 자신의 틀에서 빠져나와야 부자가 된다.

다섯째, 신용카드의 속성을 제대로 이해해야 부자가 될 수 있다. 신용카드의 높은 수수료는 당신 때문이 아니라 다른 사람들의 부실한 신용을 기초로 해서 결정된다. 다른 사람들 때문에 당신에게도 높은 이자율이 적용되고 있다. 왜 당신이 다른 사람들의 신용 상태로 인해 선의의 피해를 보아야 하는가? 신용카드를 이용한 현금 서비스는 당신이 절대로 싸워서 이길 수 없을 뿐만 아니라 신용카드 회사에 완벽한 승리를 가져다주는 상품이라는 것을 명심하라.

지금부터 당장 준비하자. 부자가 되는 것은 결코 다른 세상의 먼 이야기가 아니다. 부자가 될 기회가 왔을 때 망설이지 않고 붙잡기 위해서 무엇을 준비해야 하는지 이미 우리는 다 알고 있다. 이제 남은 것은 의지 그리고 실천뿐이다.

우리나라의 성장 흐름 파악하기

땅 투자를 위해서는 우리나라의 성장 흐름과 발전 방향을 파악해야 한다. 현재는 저성장시대로, 국민생산 2만 몇 천 불에 10년이나 머물고 있다. 선진국이 되려면 우리나라의 모든 교통망과 도로망, 그리고 소비, 화폐가치까지 모든 것이 갖춰져야 한다. 물론 국민생산성도 높아져야 할 것이다.

성장을 위해서는 우선 국토 개발이 이루어져야 한다. 전국적인 국토 개발로 전체 면적의 12%가 도시화되면 선진국에 적합한 도시화라고 할 수 있다. 우리나라 전체를 한 시간 반에서 두 시간 만에 왕복할 수 있게끔 도로가 정비되어야 한다.

두 번째로는 화폐 개혁이 되어야 한다. 현재 1달러가 천 원이 넘으니 화폐가치가 너무 낮은 것이다. 때문에 화폐 개혁이 언젠가는 된다고 보아야 한다. 화폐 개혁이 되면 숨어 있는 돈이 다 나오게 될 것이다. 이때 현물을 가지고 있어야 한다. 현물에도 종류가 많지만 특히 토지를 잘 알고 있어야 하며 토지뿐 아니라 주택, 아파트도 알아야 한다. 부동산의 가치는 화폐의 가치처럼 격변하지 않는다.

국토 개발에 있어서는 도로가 중요하다. 도로 다음으로는 인구가 분산되어야 한다. 수도권에 몰려 있는 사람들을 분산시키기 위해 1990년대 초에 1기 신도시를 만들었다. 2005년도에는 기업도시를 발표했다. 충주와 원주의 경우 성공적으로 인구가 분배된 케이스다.

그러면 이제는 서해안으로 가야 한다. 부산항으로 수출해서 2만 불 시대가 되었다면 서해안을 통해 3만 불 시대를 맞이해야 하는 것이다. 찾는 사람이 많은 곳, 인구가 많은 곳, 중국이나 인도 쪽으로 수출해야 하기 때문에 서해안 쪽에 기업이 많이 들어간다. 여기서 만들어서 대산항을 통해 수출해야 물류비가 절감된다.

서산과 당진은 제2의 울산이라고 해도 과언이 아니다. 서산은 지금 광역시급이 되어가고 있다. 당진은 인구 50만을 바라보고 있고, 서산도 80만에 가깝다. 자동차 하나를 만드는 데에도 부품이 3만 개 정도 들어가는데, 기업도시가 완공되고 종사하는 인구가 늘어나 100만 도시가 되면 무엇이 필요해질까? 물론 의식주다. 집, 편의시설, 공공시설, 상업지구 등 모든 게 필요해지므로 그런 것이 들어올 만한 자리를 찾아 투자를 하면 된다.

우리나라 면적 중 계획 관리 지역이 20%라고 한다. 그 20%를 찾아 소액 투자를 하면 성공 가능성이 확실히 보인다. 토지 투자는 2021년부터 2025년까지가 설정이라고 보면 된다. 그러므로 지금 저평가된 지역에 투자하면 돈을 벌 수 있다. 앞으로 신흥부자가 많이 탄생할 것이고, 신흥부자는 토지를 많이 소유한 사람이 될 것이다.

큰돈이 아니라도 재테크를 할 수 있다. 개발지는 큰돈 없이도 살 수 있기 때문에 결국 필요한 것은 공부다.

성공과 부자의 길

- 목표를 세우고 "목표는 이루어진다"는 신념을 가져라.
- 도전과 개척정신, 그리고 자신감이 있어야 한다.
- 꼭 메모하고 일처리 하는 습관을 가져라.
- 일과 스트레스를 가장 친한 인생 친구로 생각하라.
- 에너지를 끊임없이 충전하며 끊임없이 사용하라.
- 비밀은 반드시 지키고, 약속도 꼭 지켜라.
- 적절한 긴장을 유지할 때 최대한의 능력이 발휘된다는 사실을 기억하라.
- 누구의 말이든지 열심히 경청하라.
- 열정과 좋은 습관으로 인상 관리를 잘하는 사람이 성공한다.
- 부정적인 사람을 멀리하고, 나보다 나은 사람과 만나라.
- 가장 못사는 나라에서 가장 잘사는 나라가 된 싱가포르의 노하우를 배워라.
- 삼성이 1등 하는 방법을 알아라.(돈 모으는 취미를 가져라.)

- 미국이 잘사는 이유를 알아라.(돈 쓰는 방법을 알아라.)
- 긍정적이고 적극적인 말을 하며, 언제나 보다 나은 방법을 생각하라.
- 모든 것을 사랑하고, 사랑을 넘치게 하라.
- 자기 몸을 성전처럼 돌보고, 가정을 천국같이 만들라.
- 항상 치아를 청결히 하고, 잘 닦인 구두를 신어라.
- 낫으로 하루 종일 허리 안 펴고 일했다고 하지 말고, 콤바인으로 넓은 논을 베고 막걸리를 마시면서 보람을 느껴라.

되고 법칙

당신은 '되고 법칙'을 아는가?

돈이 없으면 벌면 되고

잘못이 있으면 고치면 되고

안 되는 것은 되게 하면 되고

모르면 배우면 되고

부족하면 메우면 되고

힘이 부족하면 힘을 기르면 되고

잘 모르면 물으면 되고

잘 안 되면 될 때까지 하면 되고

길이 안 보이면 길을 보일 때까지 찾으면 되고

길이 없으면 길을 만들면 되고

기술이 없으면 연구하면 되고

생각이 부족하면 생각을 하면 되고

이와 같이 '되고 법칙'에 대입해서

인생을 살아가면 안 되는 것이 없을 것이다.

내가 믿고 사는 세상을 살고 싶으면
거짓말로 속이지 않으면 되고
미워하지 않고 사랑받으며 살고 싶으면
부지런하고 성실하고 진실하면 되고
세상을 여유롭게 살고 싶으면
이해하고 배려하면 되고

시간이 지나도 변하지 않는
재테크의 절대법칙, 땅 투자
_ 김길우

전 세계 230여 개의 국가 중에서 개인이 토지를 소유할 수 있는 나라는 그리 많지 않다. 실제로 이러한 사실을 알고 있는 사람도 드물 것이다. 개인이 토지를 소유할 수 있는 우리나라에서 과연 어떻게 땅에 투자하고 어떻게 이를 활용해야 할까?

땅이 정말 돈이 될까 하는 의심은 필자 역시 갖고 있었다. 땅이라는 것은 일단 장기적으로 보아야 하고, 요즘에도 누가 사기를 당했다느니 하는 이야기가 매스컴에서 종종 흘러나오니 말이다.

과연 대한민국이 기회의 땅이 맞는지에 대해 많은 고민을 해오던 차에 얼마 전 매스컴에서 50년 동안 쌀값이 50배, 기름값이 77배, 땅값이 3천 배 올랐다는 통계가 나오는 것을 보고 필자는 땅이 돈이 된다는 사실을 더욱 확신하게 되었다. 더불어 지인 중 한 명이 화성시 송산면에 염전을 개간해서 가지고 있었는데, 평택과 시흥 사이에 고속도로가 생기면서 300억 이상 보장을 받는 것도 내 눈으로 보았다. 그러한 일련의 경험을 통해 '아, 땅이 돈이 되는구나!' 하는 사실을 체감하게 되었다.

어렸을 때부터 땅에 대해 관심이 많았던 필자는 부동산 투자를 시작할 때 일단 토지를 분할하는 개발 행위부터 배우기 시작했다. 옛날에는 아무개 외 50명과 같은 식으로 등기를 했는데 지금은 개별 지분 등기로 하여 개인별로 등기권리증을 가질 수 있게 되었고, 의사결정도 개별로 알 수 있다.

꼭 몇 억씩 하는 돈이 있어야 땅 투자를 할 수 있는 것은 아니다. 저금리 시대에 소액 투자로 성공할 수 있는 절대적인 재테크 법칙이 바로 땅 투자다. 이 책에서 다루는 '사람, 돈, 정책'을 중심으로 자신이 소유하고 있는 부동산이나 앞으로 투자할 땅에 대해 올바른 의사결정을 할 수 있다면 개인의 자산을 보전하고 보다 증식할 수 있을 것이다. 더 나아가 초고령 사회에 대비해 경제적으로도 안락한 노후 생활을 준비할 수 있다.

여러분도 이제 땅 투자의 고수가 될 수 있다. 저렴하면서 가치 있는 땅을 고르는 안목을 높이자. 이 책의 독자들이 희망과 확신을 가지고 미래를 향해 앞으로 나아가기를 진심으로 응원한다. 간절히 원하고 실천하면 반드시 이루어질 것이다.

언제까지 일만 할래!
_ kerbin

긍정적인 사람은 한계가 없고, 부정적인 사람은 한 게 없다는 말이 있다. 사회초년생들은 대부분 부모님들로부터 물려받은 경제관념이 부정적이기 때문에 쉽사리 투자에 도전하기가 어렵다. 그러면 부모님들이 걸어왔던 길과 같은 길을 걷게 된다. 그렇지만 상황이 달라진 지금 더욱 위험한 길이 될 것이다. 투자를 하는 것과 하지 않는 것 중 어느 것이 더 위험할까? 청년 세대는 투자를 하지 않는 것이 더 위험할 것이다.

투자에 정답은 없다. 즉, 부모님 말씀이 정답이 아닐 수 있다. 필자의 말도 정답은 아니다. 단지 이러한 방향도 있다고 말할 뿐이다. 필자가 이 책에서 말하고 싶은 것은, 앞으로 살아갈 날이 많은 우리 청년들은 부모님 세대와 달리 투자를 하지 않고서는 살아가기가 정말 힘든 세대가 될 수 있다는 것이다.

부동산이면 부동산, 주식이면 주식, 기타 등등의 모든 다른 투자 상품들을 본인의 상황에 맞게 시도해보라! 그저 돈이 없다고 핑계 대지 말고, 단돈 만 원으로 주식 한 주라도 사보는 것은 어떨까? 그리고 잃어

보기도 하고, 돈을 벌어보기도 하면서 수익률에 대한 퍼센트를 늘리는 것에 집중해야 한다.

만 원에서 10%를 잃으면 천 원이다. 천만 원에서 100만 원을 잃어도 똑같이 10%다. 사람들은 대부분 적은 돈을 잃는 것은 우습게 생각하지만, 큰돈을 잃는 것은 두려워한다. 만 원에서 천 원을 지키지 못하는 사람이, 천만 원에서 100만 원을 지킬 수는 없다. 돈이 없을 때 그 적은 돈을 지키는 연습을 해서 점점 금액과 자산을 키워나가야 한다.

지금 당장 소액이라도 투자를 시작해보자. 오늘은 잃을지도 모른다. 내일도 잃을 수 있다. 그렇지만 오늘 잃지 않으면 미래에는 더 크게 잃게 될 것이다. 투자를 두려워하지 마라. 투자를 해서 잃는 것보다 투자를 하지 않아서 잃는 것이 더 많을 것이다. 건강 관리를 안 한 사람이 병을 얻고 후회하는 것처럼 말이다.

누군가는 필자에게 그렇게 투자만 하며 살다가 갑자기 죽게 되면 가지고 갈 수도 없는데 아깝지 않느냐, 한번 뿐인 인생, 좀 즐기며 살아야 하지 않겠느냐고 말을 한다. 물론 계속해서 투자만 하다가 죽으면 아무것도 가지고 갈 수 없다. 반대로 말하면 남겨질 나의 가족들은 내가 남기고 간 자산으로 인해 조금은 더 물질적으로 도움을 받을 수 있다.

나의 자산은 내가 죽는다고 없어지지 않고 가족에게 상속된다. 하지만 인생을 즐기며 돈을 흥청망청 쓰다가 죽으면 그야말로 남는 것이 하나도 없다. 그런데 나에게 불행한 일이 생기면 남겨질 가족들이 걱정되지 않을까? 투자는 나 자신만을 위한 것이 아니다. 나의 소중한 사람들을 위해 투자를 해야 한다.

소크라테스가 남긴 유명한 말을 꼭 기억하자.

"너 자신을 알라!"

인생은 무수한 선택의 과정이다. 투자에서도 공부를 하고 나에게 적합한 선택을 일찍부터 한다면, 그리고 인내심을 가지고 팔지 않는 투자를 한다면 반드시 좋은 성과를 기대할 수 있다.

투자는 버는 것보다 지키는 게 더 중요하다. 그래서 인내심 있는 사람이 인내심 없는 사람들의 돈을 털어간다. 결국 선택한 투자 자산에 신념이 없다면 모든 것을 잃게 될 것이다. 통찰력을 가지고 다른 사람들의 말에 휘둘리지 말아야 한다. 그 이유는 다른 사람들은 나의 성공을 원하지 않기 때문이다. 나의 한계를 정하지 말고 신념을 가지고 내가 선택하는 투자 자산에 대한 믿음의 경계를 넘을 때 목표한 꿈을 이룰 수 있을 것이다.

여러분의 생각은 어떠한가? 긍정적인 마인드와 연습으로 올바르게 투자한다면 여러분의 노후가 조금은 편해지지 않을까? 끝으로 한마디만 남기고 글을 마치겠다.

언제까지 일만 할래?

경제·부동산 흐름
빠르게 훑어보기

경기도에서 가장 비싼 땅

- 경기도의 제일 비싼 땅은 판교 현대백화점 자리다. 평당 6천만 원으로 앞으로 5년 내 1억 이상이 될 것으로 예상된다.
- 1기 신도시(분당, 일산, 산본, 중동, 평촌)의 경우 주택난 해소를 위한 주택 단지로만 개발된 반면, 판교는 산업단지가 같이 들어가서 일자리 창출(카카오, 네이버 등)이 되므로 고정인구, 유동인구 유입이 많고, 강남과도 가까워 입지조건이 좋다.
- 수원 남문 지역은 문화재 보호 지역으로 개발되기 힘들다.
- 광교는 행정의 중심이 되고, 신분당선 전철이 개통되면서 발전할 예정이다.
- 서울, 경기도 아파트값이 아직도 계속 올라가고 있다. 마찬가지로 아파트값의 절반이 토지비용이므로 제한구역에 인구 유입이 많아지고, 개발 호재가 있거나 기반시설이 갖춰져 있는 곳은 더 많이 오를 것이다.

토지와 상가 투자 사이에서 고민한다면?

- 초보투자자들에게 부동산 투자는 쉽지 않다. 전문가의 도움도 못 받고, 경험도 부족하기 때문이다. 무엇보다 종목 선택이 중요하다.
- 상가 투자는 매월 고정수입의 장점이 있지만 공실, 세금, 대출 이자, 보수·유지비 등 관리가 어렵다.

- 상가 투자 시에는 1층에 주목하라. 일반적으로 1층이 비어 있으면 볼 필요가 없다고 생각하면 된다. 원래 1층 자리는 좋은 자리로 임대료가 비싸다. 그런데 역설적으로 1층의 임대료가 비싸서 공실로 남는 경우가 발생하고 있다. 1층이 비어버리면 상권의 매력이 떨어진다.
- 입지 분석만 제대로 하면 땅 투자가 더 안전하다.
- 토지는 웬만하면 가격이 떨어지지 않는다.
- 토지는 상가처럼 관리비, 리모델링 등 유지비와 같이 부수적으로 돈 들어갈 일이 없다. 시간과의 싸움일 뿐 안전하다.

오피스텔 수익률

- 부동산 정책이 규제로 가닥 잡힐 경우 시세 차익형 부동산 투자는 단기, 중기적으로 큰 이득을 보기 어렵다.
- 오피스텔과 같은 수익형 부동산 투자로 자금이 대거 유입됨에 따라 오피스텔 수요가 많아져 공급 과잉 상태다.
- 투자 수요가 있어서 분양가와 매매가는 올라가지만, 월세는 안 올라 수익률은 떨어지고 있다.
- 투자한 돈 대비 월세가 제자리 현상, 즉 수익률이 떨어지고 있다. 대출 규제 강화, 금리 인상 가능성이 제기되고 있어서 당분간 오피스텔 투자 시장은 하락세로 갈 전망이다.
- 오피스텔 투자 시 공급 과잉 지역이 있으므로 임대 수요가 충분히 있는지 확인하고, 공실과 임대료 하락을 감안하여 가격이 너무 높은 매물은 투자에 신중을 기할 필요가 있다.

부동산의 꽃은 토지

- 모든 투자가 성공하지는 않는다. 따라서 어떤 선택을 하느냐가 중요하다.

- 토지도 마찬가지다. 모든 땅값이 올라가지는 않는다. 그냥 정체되어 있는 땅도 많다. 하지만 값이 올라가는 땅은 분명히 있다.
- 토지를 발굴할 때 수도권, 입지, SOC(사회기반시설), 도로망, 향후 인구 유입, 현 공시지가, 미래가치, 향후 개발될 예상 도로 등을 바탕으로 검토해야 한다. 토지 투자는 현황만 보고 판단해서는 안 된다. 눈에 보이는 투자를 하는 것이 아니라 미래가치를 보고 해야 한다. 토지 투자가 내 눈에 많이 들어올 때는 투자 시기가 늦은 것인 수 있다. 가격이 많이 올라가 있기 때문이다.
- 부동산 투자의 꽃은 토지다. 토지는 지분 투자가 정석이다.

토지 투자, 수도권에 하라

- 총 45조 원에 달하는 토지보상금의 절반이 수도권에 들어 있다.
- 지난 25년간 실시된 주거환경개선사업 절반가량이 수도권과 대전에 집중되었다.
- 취업자 수 절반 이상이 수도권에 집중되어 있다.
- 경제, 교육, 문화, 사회, 생활까지 전부 수도권에서 집중적으로 이루어지는 상황이다.
- 재테크로 주목받는 토지 투자의 경우 개발 이슈와 호재에 따라서 수익률이 결정되기 때문에 이슈가 많은 수도권으로 몰리는 것이다.

합유 지분 등기와 공유 지분 등기 구별하기

- 합유 지분 등기와 공유 지분 등기는 비슷해 보이지만 차이가 크다.
- 합유 지분 등기는 공동 명의로 재산권을 행사하는 것으로서 '등기부상 홍길동 외 10명'으로 표기되고 필지가 분할되지 않아 사용, 수익 처분 시 공동 소유자 전원 동의(민법 272조)가 필요하여 매매 절차가 까다롭고 복잡해 사람들이 투자하기 꺼려한다.
- 공유 지분 등기는 등기부상 각각 공유자의 이름으로 전체 면적 분의 얼마 비율(가

령 전체 1,000제곱미터 중 100제곱미터)로 표기되어 각자 지분만큼 처분이 자유롭고 공유물 전부를 지분의 비율로 사용, 수익할 수 있다.(민법 263조)

• 소액 토지 투자 시 합유 지분 등기가 아닌 공유 지분 등기를 추천한다.

부동산 규제 효과와 부작용

부동산 규제	내용	효과	부작용
LTV·DTI 강화	대출액 확대 조치의 시한 만료 시점인 7월 말 이후 더는 연장 안 함	부동산 담보대출 가능 금액 축소	실수요자의 내 집 마련까지 어려워짐
투기과열지구 지정	최장 5년간 분양권 전매 제한과 재건축 조합원 지위 양도 금지 등 다수 규제 동시 적용	부동산 거래 직접적 억제	부동산 경기 급랭 가능성
DSR (총부채원리금 상환비율) 도입	개인이 갖고 있는 모든 대출, 할부 등의 원금과 이자를 합산하여 대출 심사	부동산 담보대출 가능 금액 대폭 축소	실수요자의 내 집 마련 어려워짐, 전체 경기 위축 우려
보유세 인상	보유세 비중을 OECD 평균만큼 확대	부동산 투자 이익 축소	양도세는 한국이 외국보다 많다는 반박 있음
전·월세 상한제 도입	전·월세 재계약 시 임대료 인상 5% 제한	세입자 주거비 부담 감소	전·월세 단기 급등, 민간임대주택(전·월세) 물량 감소
전·월세 계약 갱신 청구권 도입	전·월세 세입자에게 2+2년 갱신계약 권리 부여	세입자 주거 안정성 상향	전·월세금 단기 급등, 민간임대주택(전·월세) 물량 감소

금리와 집값

• 국토연구원은 미국의 금리 인상으로 한국의 기준금리가 0.5~1.0%포인트 인상될 경우 주택 매매가격도 0.3~0.6%포인트 하락할 것으로 예상하고 있다.

• 부동산 대책 발표가 초읽기에 들어가면서 급등하던 강남 재건축 시장은 요즘 숨 고르기에 들어간 상태다.

- 정부 합동 점검반이 집값 급등 지역을 중심으로 분양권 불법 전매행위 단속에 나서면서 매수 문의가 끊기고, 가격도 약세로 돌아섰다.
- 금리 상승보다 정부가 최근 서울 강남권 재건축 아파트 등 수도권과 지방 일부 지역의 집값 급등을 차단하기 위한 대책으로 주택담보대출비율(LTV)·총부채상환비율(DTI) 강화 등을 예고하고 있어 부동산 시장 전반에 매수 심리 위축이 불가피할 전망이다.
- 특히 2~3년 전 분양 시장이 호황일 때 공급 과잉되었던 지역을 중심으로 집값 하락이 가속화될 전망이다.

소액 투자 시 알아두어야 할 것들

- 합리적 투자: 본인이 가지고 있는 투자 금액 안에서 원하는 물건을 살 것
- 부동산 흐름 파악: 물건을 보는 안목을 키우기 위해 부동산 시장이 어떻게 흘러가는지 파악할 것
- 저평가된 물건 찾기: 개발이 이미 들어가 가격이 높은 물건보다 그 주변의 저평가된 물건을 찾아 저렴하게 구매할 것
- 결정에 책임지는 투자 자세: 스스로 결정했다면 그 결정에 대한 책임도 본인이 질 것(그러면 더 신중하게 결정하기 때문)
- 여유 갖기: 좋은 물건을 빨리 찾고 싶어 조급한 마음으로 투자하지 말 것, 또한 투자 결정 후에는 시간을 가지고 기다릴 것

지금 투자하세요!

- 경제가 안정화 단계로 접어들면 금리가 올라간다. 같은 논리로 우리 경제 또한 경제성장률이 예년 대비 높아질 것으로 예상되기 때문에 금리가 인상되는 것이다.
- 미국은 2015년 말부터 금리를 지속적으로 올리고 있지만 집값은 지속적으로, 계단식으로 상승하고 있다.

- 부동산뿐만 아니라 주가도 사상 최고치다. 전 세계적인 호황기로 금리가 상승하는 것이다.
- 이 호황기는 경제 성장이 떨어져 금리가 하락하는 시기에 끝이 나고, 불황기의 시작을 알린다.
- 금리를 내릴 때도 올릴 때와 마찬가지로 상당 기간 동안 단계적으로 내린다.
- 현재는 금리 0.5% 동결 구간이라고 본다. 주식이든 부동산이든, 2019년 말까지는 활황 장세였다면 2020년에는 코로나19로 주식의 큰 변동성을 겪었으며, 부동산도 하향안정세가 될 것이다.
- 주식은 우량주식에 투자하거나, 부동산에 투자하고 싶은 경우 올해가 가기 전에 투자하면 좋을 듯하다.
- 금리가 하락할 경우 부동산을 사더라도 금리가 더 이상의 하락을 멈추는 바닥에서 사야 한다. 지금이 어느 단계인지 확인해보면 왜 지금 투자해야 하는지 알 수 있다.

땅 투자가 대세다

- 전년 대비 아파트 거래는 60% 감소하고, 토지 거래는 120% 증가했다.
- 지금은 아파트에서 토지로 투자 대상이 변하는 변환기다. 투자 가치가 줄어든 아파트 거래량은 감소하고, 자금이 토지로 옮겨가 토지 거래량은 증가하고 있다.
- 경기 지역은 국내 부동산 시장의 흐름이 가장 민감하게 반응하는 곳이다. 현재 경기 지역의 아파트 거래량은 정체 내지 감소세를 보이는 반면, 토지 거래량은 급격히 늘어나고 있다.
- 그동안 개발의 가장 큰 벽이었던 그린벨트와 농지 규제가 대폭 완화되고 있다.
- 임계점에 달한 아파트 대신 토지로 돈이 이동하고 있으며, 토지 규제를 풀어 돈의 흐름을 바꾸려 한 정부 정책의 효과가 나타나고 있다.
- 오랫동안 재테크의 주류 역할을 해온 아파트는 지고, 땅이 뜨는 부(富)의 대이동이 시작됐다는 분석도 나오고 있다.

대토효과 업은 수도권

- 2021년 토지보상금은 50조 원으로, 2010년 이후 가장 많은 금액이 풀렸다.

- 특히 보상금의 절반가량이 서울, 수도권에 풀릴 것으로 예상한다.

- 토지보상금과 주택 시장 규제의 반사효과로 2021년, 토지 시장에 투자 수요가 대거 몰릴 가능성이 높다.

- 이 같은 엄청난 규모의 토지보상금은 부동산 시장에 희소식일 수밖에 없다. 부동산 수용에 따른 토지보상금으로 인근 20㎞ 내 다른 토지에 투자할 경우 취·등록세를 면제받기 때문이다.

- 토지보상금이 풀리면 인근 토지에 대한 재투자 수요가 늘어 주변 토지 시세가 오르는 경우가 많다.(대토효과)

- 토지 보상을 받은 땅 주인들은 안전 자산인 부동산을 다시 사들이는 경향이 강하다.

12·16 부동산 대책은 주택 시장 대책

- 12·16 부동산 대책의 주요 내용: 전매 제한 강화, 담보대출 규제 강화, 재건축 투기 수요 차단

- 전매 제한기간 강화: 서울시 전역에 입주 때까지 민간택지 전매 제한, 청약 조정 지역을 대상으로 서울시 전역의 분양권은 소유권이전등기 이후에 전매 가능, 분양권 전매 차단으로 투기 수요 억제

- LTV, DTI 비율 10%씩 강화: 담보대출 규제를 강화함으로써 부동산 가격 급등을 방관하지 않겠다는 새 정부의 정책 의지

- 재건축조합원 주택 공급수 제한: 3주택에서 1주택으로 축소

- 12·16 부동산 대책은 한마디로 '주택 시장 대책'이다. 즉, 주택 규제가 갈수록 강화되고 있다는 의미다. 상대적 풍선효과로 수익성 부동산과 토지 투자로 돌아서는 추세다.

수도권에 투자하라 - 인구편

- 서울의 인구는 점점 수도권으로 빠지면서 줄어드는 추세다.
- 경기도 내 인구가 많은 순위를 보면 수원, 고양, 성남, 용인, 부천, 안산 등의 순이다.
- 서울을 벗어나 이동하는 가장 큰 이유는 비싼 집값 때문이다.
- 직장 때문에 서울과 한 시간 거리 내외이면서 인구, 산업, 교통이 발달되어 있는 수도권을 선호하고, 이런 현상에 따라 수도권 토지 투자도 이슈가 되는 것이다.
- 수도권은 산업시설이 많이 입주해 있어 고용 인구의 이동에 따른 유입 인구 증가에 더하여 산업체, 물류설비, 관공서 및 아파트 밀집 지역이 많아 대도시의 고정적인 인구 자연증가가 지속되고 있다.
- 지가 상승의 가장 큰 요인은 인구 유입이므로 수도권은 투자 가치가 매우 높다.

수도권에 투자하라 - 개발 계획편

- 경부권역 개발 지역: 수원 화성부터 용인민속촌과 에버랜드를 연결하는 역사문화 관광벨트
- 제2경부고속도로가 통과하는 성남과 용인, 안성의 나들목 주변
- 서해안권역: 시화-평택을 지나 화성지구
- 전략특구 개발 지역: 안산, 시흥, 광명권역의 광역권 개발과 거점도시 육성 지역
- 경의선권역은 파주 문산을 기준으로 통일경제특구
- 경원권역은 동두천과 양주, 의정부 미군반환공여지 지역과 평화생태벨트 조성 지역
- 동부권역은 경춘선과 중앙선, 성남에서 여주선의 역세권을 중심으로 제2영동고속도로의 나들목 위주

수도권에 투자하라 - 산업편

- 수도권에 대기업들의 대형 투자 집중

- 삼성전자·LG 산업단지 조성 등 다양한 개발사업이 진행 중인 평택
- 현대차는 통합 사옥 등을 짓기 위해 서울 삼성동 옛 한국전력 본사 부지 매입
- LG그룹은 서울 강서구 마곡지구 내 17만㎡ 부지에 LG사이언스파크 건설
- 롯데·신세계·현대백화점 등은 서울 상암DMC, 경기도 고양·하남·판교, 인천 송도 등에 대단위 부지 확보
- 의왕은 백운호수 주변으로 롯데쇼핑몰과 대규모 주택사업
- 남양주는 진건·지금 지구 일대에 다산신도시 조성, 지하철 8호선 연장 공사 신행

수도권에 투자하라 - 입지편

- 수도권 주변의 입지가 좋은 지역에 투자하라. 수도권 주변 지역의 토지는 외곽순환도로 같은 도로교통망과 역세권을 중심으로 개발된다.
- 수도권과 접근성이 좋은 위치에 투자하라. 수도권과 접근성이 좋은 도로와 접한 위치에 투자하는 게 좋다. 즉, 개발 위치는 나들목이나 신설 교통망을 중심으로 개발되는 지역이 좋다.
- 도로교통망과 철도교통망 위주로 투자하자. 수도권 주변 지역에서 토지 투자를 하기에 가장 좋은 곳은 외곽순환도로의 결절점이나 GTX 역세권, 철도 역세권 위치가 우선이다. 그다음으로 한강변이나 남한강, 북한강처럼 자연환경이 보존된 경관 좋은 곳을 눈여겨보자. 개발 가능성이 많은 전원주택 종류의 개발지를 수도권 토지 투자 시 우선 지역으로 보면 된다.

수도권에 투자하라 - 수익성편

- 수도권 인근 지역의 개발 호재가 있는 곳은 3~5년의 기간 안에 수익성을 기대할 수 있다.
- 3승 법칙: 역세권 개발 과정에서 지가 상승이 크게 3회에 걸쳐 세 배씩 상승하는 것을 말한다.(개발 발표 후 착공-개통)

- 각 단계별 3~5년 정도의 개발 기간이 필요하므로 수익을 보는 기간도 같다.

- 완공이 되고 개통하면 토지 가격이 많이 올라서 크게 수익을 내기 어렵다. 착공했을 때 투자해야 3~5년 안에 큰 수익을 본다.

- 토지 투자는 장기적으로 접근하는 것이 수익을 기대할 수 있는 올바른 방법이다. 또한 중장기적 관점을 가지고 수도권 내로 여러 곳에 분산하여 투자하는 것이 바람직하다.

소액 투자의 핵심, 역세권

- 역세권 토지 매수 타이밍: 역이 들어설 것을 미리 알고 사거나, 다소 가격이 상승했더라도 착공 중에 들어가면 투자 고수다.

- 안전성이 높다. 신설역과 철도건설은 정부 추진사업으로, 역사 개발사업이 중단될 가능성이 없다.

- 수익성이 높다. 역의 착공부터 완공까지 일정이 정해져 있어서 3~5년이면 결과를 볼 수 있다. 또한 저평가된 땅(농지, 맹지, 임야, 개발 제한 구역)들이 주거지, 상업지로 바뀌는 순간 수직상승 하게 된다.

- 소액 투자도 가능하다. 보통 땅을 산다고 하면 몇 억씩 필요하다고 생각하지만 역세권 토지는 내가 원하는 만큼 몇 천만 원으로도 투자 가능하다.

- 공유 지분을 이용하라. 역세권 토지는 대형필지에 지분으로 들어가 환지 보상을 받게 되면 높은 용적률(건물 높이)을 부여받는 인센티브가 주어져 큰 이익이 난다.(오히려 150평 미만의 작은 필지는 과소토지로 인해 청산될 위험이 있다.)

소액 투자처 - 도로망 VS 철도망

- 도로망과 철도교통망 중 어느 것이 소액 토지 투자에 좋을까?

- 거리에 자동차가 많아서 자주 밀리고 유류비가 비싸 서민들은 자가용 운행에 부담을 느끼고, 철도에 비해 시간이 오래 걸린다는 단점 때문에 빠르고 편한 철도교통

망을 선호한다.

- 소액 토지 투자처로는 역세권과 나들목이 좋다. 방사형 도로망이나 순환형 도로망의 결절점에 소액 토지 투자를 해야 적은 땅에 투자를 하더라도 투자 금액 대비 높은 수익률을 기대할 수 있다.
- 철도는 인구를 모이게 하고 일자리, 주거지, 상업지를 형성하여 부동산 가격의 상승으로 이어진다.
- 제3차 국가철도망계획(안)은 10년 내 수도권 어디라도 30분 안에 서울까지 통근이 가능하도록 철도망을 구축할 계획이다.
- 일산, 동탄, 송도 등 원래 이동에 한 시간 반이 걸리던 지역도 국가철도망계획에 의해 빠른 시간 내에 이동이 가능해질 것이다.

역세권 개발의 핵심 - TOD 개발

TOD(대중교통지향형) 개발은 기존 도로 중심의 개발에서 역을 중심으로 복합적인 대중교통을 집중해서 고밀도로 개발하는 것이다. 선진국형 개발로, 역사를 중심으로 고밀도로 개발하고, 나머지는 자연생태 지역으로 보존하는 식이다.

고밀도란 용적률을 높게 주어 집중개발 하는 것이다. 정부 정책의 방향이 신도시 개발에서 이제는 TOD 기반으로 개발된다. 역세권 또는 재개발 위주 추천 방식으로 변하고 있다. 역세권으로 지정되는 범위의 토지는 절대농지도 용도 변경이 가능하다. 따라서 용도 지역이 변경되기 전 투자에 들어가야 큰 수익을 볼 수 있다.

불평등지수는 왜 높은가?

불평등지수(PKT)란 자본 나누기 소득의 비율을 말한다. 우리나라 불평등지수는 8.28배로 선진국의 두 배가 넘는다. 같은 돈을 벌 때 부자 되기가 선진국보다 두 배 더 힘들다. 즉, 노동 소득만으로 부를 쌓기가 힘들다. 자산 소득(주식, 부동산 등)이 노동 소득 속도를 훨씬 앞질렀다는 것은 우리 사회의 불균형, 불평등이 심하다고 볼 수 있는 요소다. 부동산 자산 소득 비율도 우리나라가 상대적으로 높은 이유는 국토가 국민 전체 숫자에 비해 좁은 것도 사실이지만, 그동안 부의 증식 수단으로 토지를 많이 사용했기 때문이다. 즉, 다른 나라에 비해 우리나라의 토지 가격이 상대적으로 많이 높다.

지금 땅을 사야 하는 이유

부동산 전문가들은 2021년 이후 전국의 땅이 평준화될 것으로 예상하고 있다. 전국의 교통망이 2030년까지 개발되면 전국은 반나절 생활권이 된다. 따라서 역과 환승센터, 터미널, 공항과 항만의 건설이 빠르게 진행될 것이다. 역세권 등에 투자해 일반인들이 큰 수익을 얻을 수 있는 기회는 앞으로 4~5년, 길게 잡아도 10년이 안 될 것이다. 물론 10년 후에도 토지 투자로 돈을 버는 사람은 있겠으나, 수익률도 떨어지고 확률적으로도 어렵다.

고수들만 아는 도시 지역 내 자연녹지

도시 지역 내 자연녹지는 땅 투자 고수들이 가장 좋아하는 지역이다. 도시 용지란 국토계획법상의 주거, 상업, 공업 지역을 말한다. 즉, 도시 용지는 주택, 공장, 상업시설, 공공시설, 도로 등이 들어설 수 있는 지역이다. 어느 지역의 인구가 늘게 되면 대개의 경우 도시 용지가 부족해져 토지 개발이 필요해진다.

도시 지역 내 녹지는 자연녹지, 생산녹지, 보존녹지 순으로 개발된다. 개발이 시작되면 제일 먼저 자연녹지부터 개발이 되므로 토지 투자의 1순위다. 반면 보존녹지는 가장 개발이 늦는 곳으로 피해야 한다.

옆집 아파트는 얼마에 팔렸지?

이제 같은 아파트의 옆집이 얼마에 팔렸는지 인터넷으로 알아볼 수 있게 되었다. 국세청은 홈택스의 '상속·증여재산 스스로 평가하기' 코너를 오픈해 이 같은 정보를 확인할 수 있도록 했다. 같은 동, 같은 층에서 매매된 집이 없을 경우 같은 단지 안에서 조건이 가장 비슷한 집의 거래 가격을 알려준다.

이 서비스는 아파트, 오피스텔, 연립주택, 다세대주택 등을 상속·증여받은 사람이 정확하게 집값을 신고해 가산세 납부 등의 불이익을 받지 않도록 하기 위한 것이다. 이렇게 확인할 수 있는 정보는 아파트, 오피스텔, 연립주택, 다세대주택 등의 실제 매매 가격이며, 땅값 정보는 제공되지 않는다. 아파트 등의 가격도 조회일로부터 2개월 이전 것만 확인할 수 있다.

땅 600평 가지기

땅 600평을 가져보자. 구매 방법은 일반매매, 경매, 공매로 가능하다. 이 중에서 지분 경매로 수도권 지역에 단기(3~5년)로 투자하여 투자금을 늘리는 방식을 이용하면 된다. 토지가 경매나 공매에 나오면 감정가 대비 50% 정도에서 낙찰된다. 반값에 낙찰되기 때문에 시세보다 싸게 구매할 수 있어 소액으로 가능하다.

수도권 몇 곳에 씨를 뿌린 후 유전이라고 생각하자. 어느 곳이라도 터질 수 있다. 팔라고 연락도 오고, 수용되었으니 보상금을 수령해가라고 안내문이 오기도 한다. 다른 수익형 부동산처럼 임차인 관리나 공실에 대한 걱정, 건물 유지·보수·관리 등을 신경 쓸 필요도 없다. 토지 투자는 때를 기다리기만 하면 된다. 10년, 20년을 내다보며 계획을 세우고 씨를 뿌려보자.

땅 투자 초보는 주변 경관을, 고수는 미래가치를 본다

부동산 규제 강화로 소액 땅 투자에 대한 관심이 높아지고 있다. 소액 땅 투자 시 경매를 활용하는 것도 좋은 방법이다. 경매 시장에 주로 나오는 토지는 대지나 농지(전, 답, 과수원), 임야, 주차장용지 등이다. 토지 경매는 주택과 달리 권리분석이 간단, 명확하고 토지의 가치를 알면 초보자도 값싸게 낙찰받을 수 있다. 더욱이 경매를 통해 농지를 낙찰받으면 '토지거래허가'를 별도로 받지 않아도 된다.

특히 임야는 농지에 비해 가격이 20% 정도 저렴하면서도 다양한 용도(대지, 과수원, 묘지, 공장용지 등)로 형질 변경이 비교적 쉽다. 고속도로나 국도 주변, 주택단지, 도시 편입 지역 등의 임야는 개발이 유망해 미래 투자 가치가 높다. 임야 투자를 할 때에는 개발이 가능한 '준보전산지'를 공략하는 게 좋다. 보존 목적이 강한 보존임야는 개발이 극히 제한되어 쓸모없는 산으로 방치될 소지가 있기 때문이다.

촉이 다른 부동산 큰손들의 발 빠른 대처

정부가 2017년 8·2 부동산 대책을 내놓고 투기 수요에 대한 집중단속을 펼쳤지만 실제 '큰손'들 중 상당수는 대책 이전에 부동산 자산 처분을 끝냈다고 한다. 부동산 업계 관계자는 "2016년 11·3 대책 즈음부터 탄핵 정국이 끝날 때까지 고액 자산가들을 중심으로 부동산 자산 처분 움직임이 활발했다"며 "대선 정국 이후엔 이 같은 움직임이 크게 줄었다"고 말했다.

한 부동산 자산가는 미국의 금리 인상 가능성 등 세계 경제지표나 국내 정치·경제적인 상황을 봤을 때 팔아야 할 시기라고 판단해 팔았다고 했다. 경제 흐름상 2~3년 정도 지나면 자산 여력이 충분하지 않은 부동산 보유자들의 매물이 급매로 쏟아질 것으로 보고 그때 다시 매수에 나설 생각이라고 말했다.

늘어나는 부동산 대기 자금, 유망 대체 투자처는?

2017년 8·2 부동산 대책 이후 강남 지역을 중심으로 아파트 가격 상승과 함께 현재 강남 집값이 역대 최고가를 갱신하고 있지만 부동산 정책의 핵심인 주택 규제로 유동성이 풍부하고 기준금리 0.5%의 초저금리로 갈 곳을 잃은 유동자금 1,100조가 부동산 대기자금으로 떠돌고 있다. 부동산 대기 자금이란 부동산 매각 자금과 매입 계획 자금을 말한다.

한국에서는 '안전 자산(안전성) 선호'와 '위험 자산(수익성) 선호'의 중간인 '준안전성 성격quasi-flight to quality'이 짙다. 즉, 부동산 대기 자금이 위험 자산인 주식 시장으로 유입될 가능성이 낮고, 부동산 시장에 그대로 머물 가능성이 높다. 따라서 대체 투자처를 찾는다면 주택이나 부동산 관련 금융 상품보다 토지에 눈을 돌려볼 만하다.

현 정부의 주택 가격 안정 의지가 강해 집권 내내 24번 부동산 대책이 발표되었는데 추가 대책이 나올 가능성이 높고, 아직까지 부동산에 묶여 있는 자금을 유동화시킬 만한 뚜렷한 금융 상품이 없다. 그 대신 노무현 정부 때 미완성으로 그친 국토 균형 발전정책을 마무리해나갈 것으로 예상된다.

저금리 시대의
재테크 명언 모음

성공을 부르는 10가지 습관

• 배움에 대한 열망! 오늘보다 나은 내일을 위한 노력! 일정 시간을 투자하고 기다려라.

• 계획을 세워라! 미래의 일을 지금 당겨서 할 수 있다. 진짜 계획은 시간을 맞추어서 실행하라. 처음에는 차이가 안 나지만, 시간이 흐를수록 차이는 커진다.

• 시간을 얻는 사람은 모든 것을 얻는다! - 괴테

• 친구를 쉽게 사귀는 습관 → 부와 성공으로 연결된다.

• 다른 사람을 도와주려는 사람=다른 사람의 짐을 가볍게 해주는 사람은 성공한다.
  - 찰스 디킨스

• 절제의 미덕을 키워라!

• 매일매일 나아지려는 습관을 길러라!

• 과거의 나와 현재의 나를 비교하라. 본인을 타인과 비교하라.

• 인내할 수 있는 능력을 키워라!=잘 참을 수 있으면 성공한다.

• 거절의 힘을 키워라!=기분 나쁘지 않게 거절하라!

땅을 사야 하는 이유

• 땅을 사는 목적이 정해졌다면 이미 부자의 대열에 줄을 선 것이다.

- 땅은 그만큼 안전성과 수익성에 대한 진가를 지니고 있다.
- 앞으로는 더더욱 그렇다.
- 국가의 산업 부흥, 개인의 경제수준 향상 등이 땅을 넓게 필요로 하기 때문이다.
- 땅의 4대 원리-부동성, 부증성, 불변성, 희소성
- 한정된 땅은 점점 가치를 높여가고 있기 때문에 값이 오를 수밖에 없다.
- 틀림없이 부자가 될 수밖에 없으니 땅을 사 모으는 것은 당연하다.
- 부업으로 재산을 증식하는 수단과 방법은 땅을 사 모으는 길밖에 없다.
- 다른 돈 버는 방법이 없다기보다는 다른 방법은 위험하다는 말이다.

땅 부자, 땅 거지

- 주 5일 근무하고 이틀간 실컷 놀고, 또 이틀을 살기 위해 5일을 죽어라 일하는 주급쟁이!
- 계속해서 이렇게 살 것인가.
- '신도시 개발이다! 국토 건설이다!' 해서 조상 덕에 거금을 손에 거머쥔 땅 벼락부자.
- 희비는 두 갈래 길로 갈라진다.
- 현실을 너무 안일하게 받아들인 자는 물질 폐기물 속에 빠져 몸이 편해진 땅 거지.
- 땅으로 다시 바꿔놓은 자는 조상에 한 점 부끄럼 없이 땅 부자로 대를 이어가게 된다.
- 땅 부자는 주급 인생으로 살지 않는다. 그나마 월급쟁이로 있을 때 저축해서 땅을 사라.
- 부자는 훗날을 대비해서 반드시 땅을 사둔다.
- 아무리 무서운 유행병이 휩쓸고 지나가거나, 전쟁으로 폐허가 되고 폭탄이 떨어져 아무것도 남지 않더라도 땅은 끝까지 남는다.
- 땅은 겁 없이, 철없이 돈을 다 써버린 후에도 빈 독을 채워준다.

백만장자의 마인드 vs 가난뱅이의 마인드

- 가치와 시간을 소중히 여긴다. vs 가치와 시간을 소홀히 한다.

- 마음을 연다. vs 마음을 닫는다.

- 좋은 일을 기대한다. vs 나쁜 일을 걱정한다.

- 주변과 협력한다. vs 주변과 경쟁한다.

- 왜 가능한지에 대해서 이야기한다. vs 왜 안 되는지를 이야기한다.

- 항상 의식적으로 깨어 있다. vs 그때그때 반사적으로 반응한다.

- 의식의 발전을 위해 도전한다. vs 안전과 안락함에만 신경 쓴다.

- 자신의 삶이 중요함을 인식한다. vs 자신의 삶에 회의적이다.

- 자신이 좋아하는 일을 한다. vs 돈만을 위해서 일한다.

- 다양한 돈벌이에 대해서 생각한다. vs 지출할 것에 대해서만 걱정한다.

- 자신이 누리는 모든 것에 감사한다. vs 세상에 대한 불만이 가득하다.

- 목표에 따른 과정을 즐긴다. vs 과정은 무시하고 결과만 따진다.

- 과거와 미래의 성공을 상상한다. vs 과거의 실패를 되새기고 미래에 대해 불안
  해한다.

- 무한한 상상력 vs 제한된 상상력

빈자와 부자의 차이점

"부-자 되세요" 열풍에

부자 되기 책들도 즐비하다.

빈자는 돈을 얼마 벌 수 있는지 생각하지만

부자는 어떻게 벌 것인지 생각한다.

빈자는 의식주를 해결하기 위해 공부를 하지만

부자는 자신의 능력과 힘을 기르기 위해 공부한다.

빈자는 희망이 보이지 않으면 포기하지만
부자는 희망이 보이지 않을 때 준비한다.

빈자는 실패하면 직업을 바꾸지만
부자는 성공한 후에 전환을 고려한다.
적은 이익이 예상되지만 하고 있는 일의 마무리까지 하는 자가 부자가 된다.

부자들에게 배우는 재미있는 재테크 습관

경쟁자가 적을 때 가장 먹을 게 많은 법이다

극장에서 조조할인을 해주는 이유는 아침에 관람객이 많지 않기 때문이다. 비워두느니 싸게 할인하여 매출을 늘리는 것이다. 만약 아침 매출이 충분히 늘어난다면 극장은 더 이상 조조할인을 해줄 이유가 없어진다. 이처럼 재테크는 경쟁자가 적은 곳을 남들보다 빨리 선점해야 한다. 실생활에서 하루라도 빨리 투자 상품에 가입하고, 금융권에서 발매하는 1호 상품에 관심을 갖는 것이 바로 조조할인의 법칙을 적용하는 것이라고 할 수 있다.

솔직하게 말하고 협조를 구하라

배우자 사이에도 말하기 힘든 화제 중의 하나가 돈과 관련된 것이라는 설문조사 결과가 있다. 그런데 돈을 벌기 위해 가져야 할 첫 번째 태도는 돈에 대해 진실해지는 것이다. 자신의 재정 상태를 남들에게 부풀려 말하면 그 순간은 근사해 보일지 몰라도 결국 원치 않는 비용의 결과를 가져온다. 싼 물건을 좋아한다고 주변에 알려 좋은 물건을 싸게 장만했던 투자의 대가 존 템플턴의 생활 태도는 그런 면에서 곱씹어볼 만하다.

돈 모으는 데에도 순서가 있다

돈이란 무턱대고 모은다고 해서 모아지는 게 아니다. 가령 운동 전후 물을 마시면 배 속이 출렁거려 수분 섭취가 제한된다고 한다. 하지만 여름철엔 특히 땀을 많이 흘리기 때문에 갈증을 참지 말고 수시로 물을 마셔줘야 한다. 따라서 등산이나 조깅 시에도 물 지참은 필수다. 물은 운동 한 시간 전에 500ml, 20분마다 약 한 컵(250ml) 정도 마시는 것이 적당하다. 스포츠음료는 시원한 물보다 체내 흡수가 다소 느린 단점이 있지만, 에너지원이 되는 당이 포함돼 있어 권할 만하다. 음료가 달수록 수분 흡수율이 떨어지므로 당도가 높은 음료는 물과 섞어 마시거나 물을 마신 후 먹는 것이 좋다. 음료의 당분 함유량은 8% 이내가 적당하다. 돈도 마찬가지다. 돈이란 수시로 체크하고 모아줘야 한다. 얼마가 모였다고 해서 만족감을 느낄수록 모이는 돈의 총 금액이 떨어지므로 적은 돈이라도 수시로 모아주는 게 좋다. 티끌 모아 티끌이 아니라 태산이기 때문이다.

돈 벌어주는 친구는 따로 있다

혼자서 모든 것을 알 수도 없고, 그럴 필요도 없다. 주변에 돈 벌어주는 친구를 여럿 만드는 것이 중요하다. 밝은 친구나 지인일 수도 있고, 경제 신문이나 잘 고른 재테크 서적도 훌륭한 재정 멘토가 될 수 있다. 마음에 드는 지역의 부동산 중개업자와 가까이 지내는 것도 좋다.

나눠야 커져서 돌아온다

보기 좋게 잘 나눠져 있는 것을 흔히 황금분할이라고 한다. 투자에서 분산투자만큼 중요한 것은 없다. 어떤 상품이 좋다고 해서 전 재산을 쏟아붓는 것은 어리석고 위험한 일이다. 평소 탐욕에 휘둘리지 않는 투자 습관을 들여놓는 것은 앞으로 재산이 많아졌을 때를 대비해서도 반드시 필요한 일이다. 흔히 재테크에서는 4:3:3의 비율이 제시된다. 공격적 자산에 40%, 보수적 자산에 30%, 단기 상품에 30%를 투자하라는 것이다. 그러나 분산 비율은 각자 처한 상황에 따라 적절히 분배하면 된다.

돈이 넘치게 하는 7가지 비결

얄팍한 지갑에서 벗어나는 7가지 비결을 올바르게 이해한다면 당신의 지갑에도 돈이 넘쳐흐를 것이다.

첫 번째 비결-일단 시작하라.

두 번째 비결-지출을 관리하라.

세 번째 비결-돈을 굴려라.

네 번째 비결-돈을 지켜라.

다섯 번째 비결-당신의 집을 가져라.

여섯 번째 비결-미래의 수입원을 찾아라.

일곱 번째 비결-돈 버는 능력을 키워라.

만석꾼, 천석꾼

내가 죽거든 재물을 팔아 땅에 투자하라.

금은 보관하기 좋으나 도둑맞기 쉽고,

곡물이나 재물은 가치가 있으나

관리하기 힘들고,

땅은 정직하여 뿌리면 곡물이 되고

내버려두어도 변하지 않으니

바보 자식이라도 며느리만 똑똑하면

삼대 오대가 흘러도 무관하리라.

남은 재물이 있거든 교육에 힘쓰고

그래도 남거든 땅에 묻어라.

내가 죽거든 새물을 쌀아 땅에 투자하라.

콩 심은 데 콩 나고, 팥 심은 데 팥 난다

• 부자는 만들어진다.

• 시간을 투자하는 것이 부자로 가는 길이다.

• 사람과 돈 그리고 정책은 미시적으로나 거시적으로 우리나라 부동산 가격에 가장
  큰 영향을 미쳐왔다.

• 투자에 있어서 시기, 정보, 위치만 정확히 안다면 성공할 수 있다.

• 핵심 도시의 특징은 첫째 산업단지, 둘째 도로망 확·포장, 셋째 인구 증가다. 정부
  의 정책과 지자체의 기업 유치로 인하여 지역 경제가 활성화되고 인구 증가가 눈
  에 띄는, 핵심 도시로 성장하는 지역에 투자하면 된다.

• 과거는 현재를 보는 거울이고, 현재는 미래를 보는 내비게이션이다!

간절히 원하면 이루어진다

지금 무엇을 하지 못하거나

일이 잘 안 되는 것은

그만큼 간절히 원하고 있지 않기 때문입니다.

해도 그만, 안 해도 그만이라고 생각하고 행한다면

그 어떤 것도 이룰 수 없습니다.

힘이 모자랄지라도 간절하게 원하십시오.

끝없는 용기와 적극적 행동이 저절로 나와서 자신도 모르는 커다란 능력이 발휘될

것입니다.

지금 이루어지지 않는 일이 있다면

그것은 당신이 간절하게 원하지 않기 때문입니다.

간절히 원하십시오.

이루어집니다.

승자와 패자

- 승자는 눈을 밟아 길을 만들고, 패자는 눈이 녹기만 기다린다.
- 승자는 행동으로 말을 증명하고, 패자는 말로 행위를 변명한다.
- 승자의 주머니 속에는 꿈이 가득하고, 패자의 주머니 속에는 욕심이 가득하다.
- 승자는 달려가면서 계산하고, 패자는 출발하기 전 계산부터 한다.
- 승자는 상대방의 말을 지긋이 듣고, 패자는 자기가 말할 차례만 기다린다.
- 승자는 길이 많이 있다고 생각하나, 패자는 하나뿐이라고 생각한다.

이건희 회장의 철학

- 돈을 애인처럼 사랑하라. = 사랑은 기적을 보여준다.
- 돈을 내 마음대로 쓰지 마라. = 돈에게 물어보고 사용하라.
- 불경기에도 돈은 살아 숨 쉰다. = 돈의 숨소리에 귀를 기울여라.
- 장사꾼이 되지 마라. = 경영자가 되면 보는 눈이 달라진다.
- 자신감을 가져라. = 기가 살아야 운이 산다.
- 느낌을 소중히 하라. = 느낌은 신의 목소리다.
- 세상에 우연은 없다. = 한번 맺은 인연을 소중히 하라.
- 자신감 있는 사람은 생각이 다르고, 언어와 행동이 다르다.
- 자신감 있는 사람은 매력이 넘치고, 사람을 끄는 힘이 있다.
- 자신감은 최고의 성공 비결이며, 열매를 맺을 수 있다.
- 승리하는 삶 속에는 반드시 긍정적인 자아상이 있다.
- 처음처럼 끝까지 교만하지 말고 겸손의 덕을 쌓으라.
- 모든 일은 계획으로 시작되고, 노력으로 성취되며, 오만으로 망친다.
- 모든 세상을 긍정의 눈으로 보고 생각하고 행동하라.
- 꿈은 반드시 이루어진다는 확신을 가져라.

정주영 회장이 남긴 16문장

- 운이 없다고 생각하니까 운이 나빠지는 거야.

- 길을 모르면 길을 찾고, 길이 없으면 길을 닦아야지.

- 무슨 일이든 확신 90%와 자신감 10%로 밀고 나가는 거야.

- 사업은 망해도 괜찮아. 신용을 잃으면 그걸로 끝이야.

- 나는 젊었을 때부터 새벽에 일어났어. 더 많이 일하려고.

- 나는 그저 부유한 노동자에 불과해.

- 위대한 사회는 평등한 사회야. 노동자를 무시하면 안 돼.

- 고정관념이 멍청이를 만드는 거야.

- 성패는 일하는 사람의 자세에 달린 거야.

- 아무라도 신념에 노력을 더하면 뭐든지 해낼 수 있는 거야.

- 내 이름으로 일하면 책임 전가를 못하지.

- 잘 먹고 잘 살려고 태어난 게 아니야, 좋은 일을 해야지.

- 더 바쁠수록, 더 일할수록 더 힘이 나는 것은 신이 내린 축복인가 봐.

- 열심히 아끼고 모으면 큰 부자는 몰라도 작은 부자는 될 수 있어.

- 불가능하다고? 해보기는 했어?

- 시련이지. 실패가 아니야.

부자의 습관: 실패의 습관을 버리고, 성공의 습관을 익혀라

부자가 되기 위해서는 지금까지의 실패를 반복하지 않아야 한다. 성공한 부자들의 지혜와 돈 버는 원리를 받아들여서 여태껏 꿈꾸었던 것을 이루어내야 한다. 또한 지금까지 당신이 가지고 있었던 가치 없고 쓸모없는 지식들을 모두 다 던져버리고, 아무런 도움도 되지 않는 과거의 가난했던 경험에서 빠져나와야만 부자가 될 수 있다.

당신이 실패했다는 것은 세운 목표에 도달하지 못했다는 것이고, 그 실패는 항상 기본적인 습관과 태도에서 비롯된다. 이제부터 당신은 좋은 습관과 긍정적인 생각을 단순할 정도로 반복하는 사람이 되어야만 한다.

많은 사람들이 목표에 이르지 못하고 실패하는 이유는 두 가지다. 바로 자신을 드러내고자 하는 '과시욕'과 '정신적, 육체적 욕망을 채우려는 욕심' 때문이다. 남들보다 돋보이고자 하는 만용과 얼마 안 가서 후회할 욕망, 이 두 가지를 멀리하는 것만이 부자의 대열에 합류하기 위한 조건이라는 것을 명심하라.

이제부터 당신은 전혀 새로운 사람이 되어야 한다. 성공한 부자들과 함께 가슴을 펴고 당당하게 걷고, 스스로도 과거의 자신을 알아보지 못할 만큼 변해야 한다. 이 시대는 당신과 같은 새로운 부자를 기다리고 있다. 이제 당신은 가난한 사람처럼 생각하고 가난한 사람처럼 대우받고, 가난한 사람처럼 행동하는 것을 단호히 거부하게 될 것이다.

부자 되는 공식

돈이 있어야 돈을 벌 수 있다

인생에서 돈이 없어도 돈을 벌 수 있다는 생각이 머릿속에 있는 한, 절대로 당신은 부자가 될 수 없다.

돈 버는 방법은 두 가지다

돈을 버는 방법에는 1회적 소득과 반복적 소득이 있다. 반복적 소득에는 금융권, 비금융권, 네트워크 마케팅 소득이 있다. 1회적 소득과 반복적 소득의 차이는, 1회적 소득은 노동을 기초로 한 소득이고, 반복적 소득은 노동에 근거하지 않는 무노동 소득, 즉 불로소득을 의미한다는 것이다. 1회적 소득만으로는 절대로 부자가 될 수 없다. 반드시 반복적 소득인 무노동 소득이 있어야만 부자가 될 수 있다.

돈을 벌 때마다 고민하라

돈을 벌 때 당신에게 소득이 되는 상대방의 지출이 1회적 지출인지, 반복적 지출인지를 생각해보고 상대방의 지출을 어떻게 하면 반복적 지출로 만들어 당신의 반복적 소득으로 바꿀 것인지를 항상 고민하라.

부자가 되려면 부자의 소득 프로세스를 따르라

일반인들의 소득 프로세스는 '근로 소득 > 포트폴리오 소득 > 소극적 소득'의 구조를 갖는다. 이러한 구조로는 절대 부자가 되지 못한다. 부자가 되려면 정반대로 '소극적 소득 > 포트폴리오 소득 > 근로 소득'의 구조가 되어야 한다.

반드시 '불로소득'이 필요하다

명심하라! 당신이 꼭 돈을 버는 장소에 있거나 직접 시간을 할애해야만 돈을 벌 수 있다면 절대 부자가 될 수 없다. 당신이 돈을 버는 시간이나 장소에 없더라도 돈이 들어오는 순간부터 부자가 된다.

부자들의 3M 공식

- **Me at work!** 당신이 일터에서 일해서 돈을 벌 것
- **Man at work!** 남을 고용해서 그들로 하여금 돈을 벌게 할 것
- **Money at work!** 돈이 돈을 자동으로 벌게 할 것

부자의 길로 들어서기 위한 목돈 만들기 5단계

- **목돈 만들기 1단계** 비상금(현금)을 모아라.
- **목돈 만들기 2단계** 모든 신용카드를 버리고 반드시 현금만을 사용하라.
- **목돈 만들기 3단계** 예산의 범위 내에서만 소비하라.
- **목돈 만들기 4단계** 채무리스트를 만들고 작은 채무부터 갚아라.
- **목돈 만들기 5단계** 투자하라, 그리고 기다려라.

자기의 연봉만큼의 목돈이 마련되기 전까지 재테크는 꿈도 꾸지 마라

절대적인 투자 원금의 기준을 어떻게 계산할까? 바로 자신의 연간 소득 혹은 연봉에 해당하는 투자 원금이 생겼을 때가 바로 재테크의 출발점이다. 이 돈을 모으기 전까지 재테크는 꿈도 꾸지 마라.

재테크=족테크

재테크는 5%의 이론과 95%의 실천 노력으로 이루어진다. 바로 움직여서 현장을 배워라.

투자와 투기의 정의를 다시 내리자

정부는 당신이 어떤 상품이나 장소에 얼마의 돈을 투입하여 몇 퍼센트의 이익을 내고 얼마의 세금을 냈는지 알 수 있으면 '투자'라고 부른다. 반대로 얼마를 어느 상품 혹은 어떤 곳에 투입했는지 알 수도 없고, 수익 금액에 정확히 얼마의 세금을 적용해야 하는지 알 수 없을 때 '투기'라고 부른다. 진정으로 투기가 나쁜 것인지 곰곰이 생각해보라.

남이 좋아 보인다며 관심 갖는 것(곳)에 투자하라

투자는 내 생각에 좋아 보인다고 하는 것이 아니라 남이 보기에도 좋은 대상에 해야 한다.

재테크의 마지막 20%는 본인의 꿈으로 완성된다

꿈이 명확해야만 재테크의 마지막 부분이 완성되고, 진정한 재테크의 고수가 될 수 있다. 가장 하고 싶은 일을 하면서 돈 버는 시스템을 병행할 때, 고통은 적고 시간을 낭비하지 않으면서도 상대적으로 빠르게 부자가 될 수 있다.

진정으로 나에게 맞는 일을 찾는 두 가지 방법

첫 번째, 로또에 당첨되어 그 돈으로 하고 싶은 것을 다 하고도 돈이 20억쯤 남았을 때 하고 싶은 일이 나에게 맞는 일이다.

두 번째, 새벽 2시에 전화를 받았을 때 "이 늦은 시간에 저를 기억하고 전화해주셔서 대단히 감사합니다"라고 말할 수 있는 일이 진정으로 나에게 맞는 일이다.

그 일을 찾아 돈 버는 시스템과 병행할 때 가장 빠르고도 큰 어려움 없이 부자가 될 것이다.